湛庐CHEERS

与最聪明的人共同进化

HERE COMES EVERYBODY

人人都该懂的心理学

Psychology A Beginner's Guide

[英]
G. 尼尔·马丁 著
G. Neil Martin

李岩松 陈思珺 等 译

浙江人民出版社
ZHEJIANG PEOPLE'S PUBLISHING HOUSE

心理学研究什么

心理学到底研究什么？

在那个骄奢华贵，人人都穿着有垫肩的衣服、涂抹着发胶的 20 世纪 80 年代，我进入了一所隐没在苏格兰东北海岸的历史悠久的大学，成为一名学习英语、哲学和心理学的学生。我本来并没有打算学心理学，我当时的雄心壮志是成为一名作家和记者。但我当时必须选修第三个学科，于是我请教了新生的指导老师，询问他曾经的选择是什么。他当时选的是心理学，于是，我也选修了心理学。

刚跨入校园的时候，我对心理学到底研究什么一无所知。我不知道心理学是什么，并且把它和以研究、治疗心理疾病为目的的精神病学混为一谈。入学的第二年，我读到了一段影响我一生的话。当时，我坐在礼堂的台阶上，在研究方法手册里读到了下面这句话："心理学家可以被看作去剧院观察观众的人。"

这真是一句精彩的格言，深深地打动了我。

第一，这句话也许只是一句老掉牙的警句，但它以简要、巧妙、诙谐和生动的方式总结了心理学的研究方法。

第二，这句话概括了人们固有的关于心理学家花费大量时间观察、分析他人行为的刻板印象，尤其是对男性心理学家，这种刻板印象特别深。

第三，这句话表明心理学家是古怪的戏迷。心理学家看戏的情景或许是这样的："你觉得他演的哈姆雷特怎么样？""我不知道，因为我一直在忙着看第二排 12 座的人努力'啃'棒棒糖吃。"

第四，这句话完全是错误的。通过本书，我希望能告诉你这句话有什么不对以及为什么不对，也希望能通过引用经典研究和新的研究进展来回答"心理学到底研究什么"这个问题。

人为什么会变得好斗？脑是如何工作，使人能看到、听到和感觉到事物的？人为什么会有偏见？测谎可靠吗？人们睡觉的时候发生了什么？剥夺睡眠真的会损害人的思考能力吗？听莫扎特的音乐可以提高智商吗？婴儿是怎样学会感知和思考的？有没有基本的情绪？如果有，它们是什么？人们为什么会有各种各样的心理问题？心理治疗有效吗？当他人经受痛苦时，我们真的只是旁观者吗？个体的智商和人格特征能够测量吗？人们为什么会声称自己记得根本没有发生过的事情？说服是怎么起作用的？人们为什么会忘记事情？人们会偏爱某种体形吗？如果会，为什么呢？原谅并忘记会更好吗？人们可以成功减肥或减少吸烟行为吗？拥有光鲜的外表算一种优势吗？关于以上问题，你可以在本书中找到一些具有启发性的答案。

虽然本书的篇幅只能揭开行为科学研究领域的冰山一角——心理学家，但我希望它能令你着迷。就像其他学科的科学家一样，心理学家不可避免地为上面提到的问题以及其他未提及的问题的正确答案而争吵。此外，本书最后的拓展阅读也会引导你找到更多的相关信息。

无论你对所读的内容有什么评论，我都非常期待能收到你的来信（我的电子邮箱：n.martin @ mdx.ac.uk）。

感谢尼基·布伦瑞克（Nicky Brunswick）审阅了本书的初稿，同时感谢玛莎·菲利翁（Marsha Filion）在本书从手稿到出版的过程中所付出的努力，感谢她对这本书的热情和执着，还要感谢她亲手烘焙的法式糕点，那味道简直无可挑剔。

所以，从现在起，请抛开你心中的所有偏见和假设，真相一定会让你感到更加有趣。请尽情享受本书的阅读之旅吧！

G. 尼尔·马丁

测一测：心理学知识你了解多少？

1. 第一个将自己称为心理学家的人是谁？

A. 威廉 · 詹姆斯　　B. 威廉 · 冯特

C. 西格蒙德 · 弗洛伊德　　D. 伊万 · 巴甫洛夫

2. 以下说法不正确的是哪一项？

A. 如果一个人没有胃，他仍会感到饥饿

B. 相比于未婚男性，已婚男性的睾丸素水平较高

C. 大约 80% 的食物的味道都来自嗅觉

D. 失忆症患者能够想起自己的名字和住址等信息

3. 在巴甫洛夫的实验中，铃声响起狗就会分泌唾液，这里的铃声是什么？

A. 条件刺激　　B. 条件反应

C. 无条件刺激　　D. 无条件反应

4. 语法缺失，所说言语不遵守句法规则，这是以下哪一问题的症状？

A. 发展性阅读障碍

B. 获得性阅读障碍

C. 威尔尼克失语症

D. 布洛卡失语症

5. 人们往往认为自己的观点是受到普遍认同的，这是哪一种错误判断？

A. 基本归因错误

B. 行动者 - 观察者效应

C. 虚假一致性效应

D. 自利偏差

扫描二维码，下载“湛庐阅读”APP，
搜索“人人都该懂的心理学”获取答案。

前言 心理学研究什么

7 发展心理学 / 167

8 社会心理学 / 187

9 情绪、压力与健康 / 217

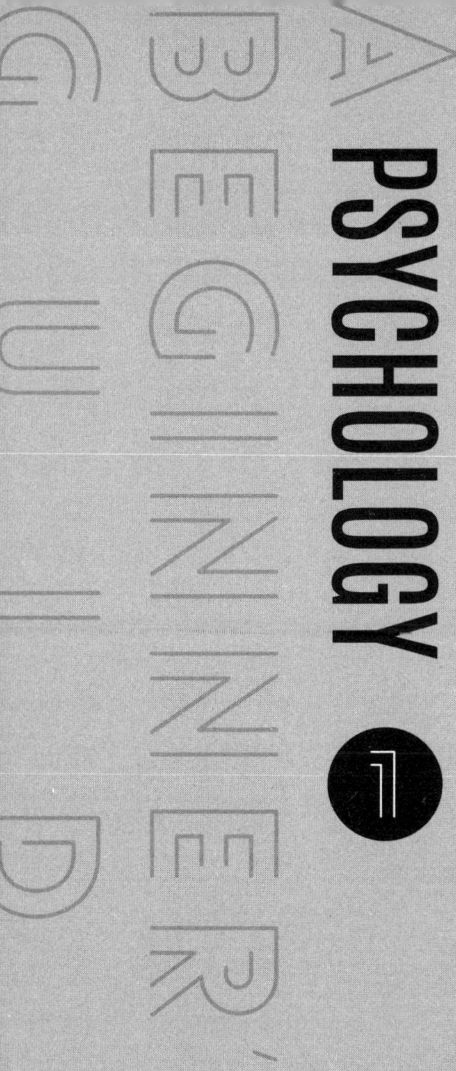

心理学是什么

我们只利用了脑的 10%？

动机越强就越能够解决复杂的问题?

在做决定时，群体是否比个体更倾向于保守?

常常威胁别人扬言要自杀的人是否很少有自杀行为?

每个人对心理学都有自己的看法，就如同每个人都对真人秀节目、政治家、艺术品和社交名媛有自己的观点一样。我们总是认为自己十分了解他人，甚至能够预测他人的行为。例如，我们经常会说某个人有这样或那样的特点，推断某个人“绝不会那样做”或“不会乐意像傻子一样被对待”。即使他人的行为表现和预测的不一致，我们也仍然坚信对方会有那样的表现。在某种意义上，我们表现得像外行的科学家，有时甚至是非常糟糕的科学家：根据证据做出有关他人行为的预测或假设。

举个例子，萨拉是聚会的核心人物，所以我们预测她私底下也常会请大家喝饮料。然而，如果对萨拉行为的预测不成立，我们往往也不会觉得是提出的假设有问题，理由是：“我们的预测怎么可能出错呢？”所以，一定是预测对象的问题。我们或许会这样想：虽然萨拉通常是聚会的核心人物，但今天肯定发生了什么事，所以她才不愿意在唱歌的时候帮大家带饮料了。但事实上，萨拉组织联谊、表现得外向，可能只是因为她很孤独并且自我怀疑，只是因为她想要通过喝酒和聚会这种并不寻常的方式来应对伤痛。当然，心理学家努力理解的并不仅仅是这些。

怎样界定心理学

我们已经能够从多个角度对心理学进行界定了，而目前最简洁的定义是：**心理学是对人类与非人类动物的行为进行科学研究的学科。**Psychology（心理学）这个词来源于希腊语单词 psukhe（意为“呼吸、灵魂”）以及 logos（意为“诺言、理性”）。心理学研究的主题范围非常广泛，包括生理，如心率；神经，如脑不同区域的活动机制；明显的、可直接观察的行为，如使用电脑键盘对某个刺激或他人做出的反应；以及可以间接观察的行为，如记忆过程、推理、人格、情绪。

在心理学的定义中，最重要的部分是科学性，因为心理学家以一种特定的方式对行为进行研究。他们提出可以被检验的有关行为规律的各种假设，然后设计可以验证这些假设的实验。如果实验结果支持假设，那很好，因为这意味着该假设可能是正确的。如果实验结果不支持假设，那么假设便需要修改。而且，即使你不喜欢某个实验结果，也不可以忽视在严格的规范操作下得到的实验证据。

在科学等级分层中，心理学处于一个十分有趣的位置。迪安·西蒙顿（Dean Simonton）的一项研究比较了心理学、生物学、物理学和社会学的学科地位。他统计了这些学科导论性文章中提及的理论和定律的数量、期刊文章中图表的数量、年轻研究者的影响力、学科的理解难度以及一些其他因素，如“演讲不流利”，也就是人们在演讲中使用“嗯”

和“啊”的次数，这种情况多出现在有关缺乏结构性和实证性的学科的演讲中。在考虑了以上所有因素之后，该研究得出了结论：心理学在科学等级分层中处于顶层位置，位于生物学和物理学之间，社会学则处于最底层。

现在，我们把这种科学的方法应用到某个潜在的重要问题上。你可以想象一下，你要检验这样一个假设：服用大麻会使驾驶员变得注意力不集中或易出现交通事故。要验证这个假设，心理学家或许会做这样一项实验：随机招募处于一定年龄范围、驾驶经验丰富的男女被试，然后对他们进行分组实验。将被试分为几个组：服用不同剂量的大麻组、不服用大麻组以及服用安慰剂组。服用安慰剂是指被试主观认为自己服用的是大麻，但其实并不是。接下来，在一段时间内，研究者通过开车模拟器评估被试驾驶时各方面的表现，比如对时速的控制、注意力、是否可以进行漂移、刹车能力等。

正如这个例子所展示的，心理学家理解人们行为的方式不同于外行的理解方式，他们采用的研究方法更加复杂、更加系统。当然，公平地说，外行人没有花费数百万资金建立的大学实验室的支持，也没有大量的被试、大型计算机和统计软件的支持，更没有时间进行这样复杂的实验。

这种客观的研究方法意味着，许多科学研究的发现可能与人们的直觉经验相反，甚至可能与“常识”相矛盾。诗人塞缪尔·泰勒·科尔里奇（Samuel Taylor Coleridge）曾说过：“探究‘常识’的真谛，这便是芸芸众生眼中的智慧。”然而，根据常识回答心理学问题，往往会得到错误的答案。20 世纪英国最伟大的心理学家之一汉斯·艾森克（Hans J. Eysenck），曾经在他 1957 年出版的《心理学中的理性与荒谬》（*Sense and Nonsense in Psychology*）一书中进行过这样的总结：

> 不论一个人是否不辞辛苦地学习心理学，人们似乎一直存在着一个普遍观念，那就是任何人都有能力探讨心理学问题。虽然每个人的想法都有同等的价值，但专业心理学家的观点却必须不惜一切代价被排除在大众观念之外，因为心理学家所揭示的事实会彻底颠覆人们以前的猜测，让门外汉辛苦建造的美妙的梦想城堡毁于一旦。

我们以说谎为例来说明。警方使用的标准测谎手册和全球欺骗研究团队（Global Deception Research Team）于 2006 年进行的一项调查均显示，“闪躲的目光”可以作为判断一个人有罪或说谎的最佳线索。此外，将手放在嘴巴或眼睛上、用手拨弄头发等也是判断一个人说谎的线索。然而，心理学领域的相关研究却显示，能够更准确地预测说谎行为的因素并非以上这些，具体是什么我会在第 9 章说明。

或许你已经知道我接下来要说些什么了，但在那之前，请先看一看以下的表述。你认为哪些表述是正确的，哪些表述是错误的？

◎ 患有阿尔茨海默病的人会产生人格分裂。

◎ 女性比男性更容易顺从。

◎ 在做决定时，群体比个体更倾向于保守。

◎ 在高温环境下更容易发生危险的暴乱。

◎ 一个人的动机越强，就越能够解决复杂的问题。

◎ 用轻度电流直接接触脑，会导致疼痛并破坏脑的神经组织。

◎ 常常威胁别人要自杀的人很少有自杀行为。

◎ 人类只利用了脑的 10%。

◎ 根据发展心理学的研究，用母乳喂养婴儿是最好的。

◎ 月圆之夜更容易发生交通事故和谋杀事件。

◎ 在亲密关系中，“异性相吸”一般来说是正确的。

◎ 心理学和精神分析是一样的。

如果你认为以上所有表述都是错误的，那就太棒了！大多数研究表明，以上表述都不正确，尤其是第一条和最后一条，很容易就能看出与事实不符。如果你认为以上大部分表述是正确的，那你就犯了根据常识轻易做出推断的错误。不过别担心，因为很多人和你一样！一项关于大学生的调查发现，当被问到一些有关心理学研究的问题时，即使是心理学专业的学生，回答的正确率也只有 50%，因为他们认为那都是一些常识性问题，答案是显而易见的。社会学专业学生的答案正确率更低，工程学专业学生的回答则更不靠谱。总而言之，这个小测验告诉我们，根据常识并不能对心理学的研究成果进行准确的预测。

心理学的研究领域

如今，几乎没有人称自己是心理学家了，因为心理学研究的问题的广度意味着，心理学专家几乎都是专攻某一特定的领域，并因某一专长而被人熟知。例如，他们研究的可能是记忆、脑的工作原理、感觉或人与人之间是如何互动的。相应地，他们分别被称为认知心理学家、神经心理学家、生物心理学家和社会心理学家。表 1-1 描述了心理学学科的不同分支，也就是根据研究领域的不同对心理学进行的划分。

表 1-1　　心理学的主要分支

分支	研究领域
心理生物学 / 生物心理学	行为表现的生理基础
心理生理学	心理生理的反应，比如心率、皮肤电反应和脑电活动
神经心理学	脑的活动、结构和功能之间的关系
比较心理学	从进化和适应的角度，研究不同物种之间行为的差异和共同点
动物行为学	自然环境中动物行为的特点
社会生物学	从生物遗传和进化的角度研究社会行为的特点
行为遗传学	遗传和环境对心理因素的影响程度
认知心理学	心理过程和复杂行为
认知神经科学	心理过程的脑机制
发展心理学	从出生到衰老的过程中，生理、认知、社会和情绪的发展
社会心理学	个体和群体的行为
个体差异	个体的气质和性格以及它们对行为的影响
跨文化心理学	不同文化对行为的影响
文化心理学	特定文化中行为的差异性
法庭 / 犯罪心理学	有关犯罪和法律背景下的行为表现
临床心理学	心理疾病的病因和治疗
健康心理学	生活方式和压力对健康和疾病的影响
教育心理学	在学校环境中，个体社交、认知和情绪的发展

心理学家会开展实验，会就健康、教育问题以及如何更好地为地方和国家政府部门工作建言献策，会为那些患有心理疾病的人进行诊断和治疗，会参与针对儿童和成年人的人格和智力的评估，也会从事教学和研究工作。他们可能会在大学、制造业、商业、医院、广告业和研究所等各个领域工作——所有需要理解行为的地方，都是他们开展工作或研究的舞台。

心理学家通常拥有一个心理学或相关学科的本科学位以及一个如理科硕士之类的研究生学位，有人还拥有更高的博士学位。心理学家不同于**精神病医生**，因为精神病医生持有的是医学学位，专攻心理疾病（或称为心理障碍），并且可以开处方。精神病医生和**临床心理学家**的工作非常相似，只不过前者具有医学学位并且可以开处方，后者则具有临床心理学的博士学位。

心理治疗师可以是心理学家，但心理学家不一定是心理治疗师。心理治疗师的工作是从特定的理论或思想的角度来理解、治疗人们精神上的痛苦。心理治疗通常被称为“谈话疗法”，因为心理治疗师主要是用谈话的方式与来访者讨论其心理问题，当然，其中也包含一些更加系统的涉及改变来访者思维方式和行为方式的治疗方式，而不仅仅是倾听来访者的宣泄。不过，这种治疗方法很少能够使病人痊愈。

以认知行为疗法为例，它已经成功地被用于治疗某些类型的抑郁症。这一疗法的基本方法是，让患者用不同的角度思考自己是如何思考的以及为什么会有负面的想法，并为患者制订明确的计划去改变他们的行为表现。甚至有证据表明，认知行为疗法可以帮助失业的人找到工作，因为它不但强调如何做，还强调如何去思考。心理治疗有上百种方式，我们会在最后一章详细讲述一些运用最广泛的疗法。

人们很容易将**精神分析**与心理学混淆，实际上，精神分析与现代科学心理学几乎没有什么关系。如果你在与专业的心理学家谈话，那么千万别把这两个词弄混，否则这段谈话绝对不会让人感到愉快。精神分析是 20 世纪早期一些医生思想和工作的结晶，代表人物有西格蒙德·弗洛伊德（Sigmund Freud）、卡尔·荣格（Carl Jung）、阿尔弗雷德·阿德勒（Alfred Adler）和卡伦·霍妮（Karen Horney）。他们通过精神分析去理解并处理患者的情感和行为问题。大多数精神分析理论都在描述“无意识”行为的工作机制，认为正是这些无意识的行为影响着人们的意识。

很少有心理学家会认真对待精神分析，因为这是一个难以用科学标准衡量的领域，而且有些部分是完全无法验证的。比如说，如果你承认自己的异常行为是由童年时期的一些创伤性事件导致的，那么这种情况符合精神分析的相关理论；如果你不承认自己的异常行为与童年时期的阴影有关，那么这种情况也符合精神分析的相关理论——你压抑了对相关事件的记忆，并造成了精神错乱。在第 6 章中，我会对弗洛伊德和他同事的研究进行详细的介绍。

心理学起源于哲学

心理学界的人乐于将心理学视为一门年轻的学科，而这也并非没有依据。第一个将自己称为心理学家的人直到 1920 年才逝世；1878 年，第一个心理学实验室才在德国被建立起来；甚至到了 20 世纪初，一些大学也只会开设叫作“心理哲学”的课程，而不是我们现在所说的“心理学”。因此，心理学这门学科可以说是在短时间内得到了快速的发展。然而，并不是只有心理学家在思考有关心理学的问题。心理学的历史可以追溯到 1878 年以前，而且正是这之前取得的成果和影响塑造了该学科之后的发展道路。

像所有的科学一样，心理学也源于哲学。它和泛灵论、二元论、经验论、唯心论和唯物论等哲学流派的思想都有紧密的联系。简而言之，每个哲学流派都对心理学有所贡献。

泛灵论

这是一种朴素的哲学思想，它的名字来源于拉丁语中的 *animare* 一词，意为“活着或赋予灵魂”。泛灵论认为，天下万物皆有灵魂来引导自身从事各种活动，身体的活动是由精神或灵魂控制的，就像月亮围绕着太阳运转一样。泛灵论自有其历史意义。从心理学的角度来说，泛灵论也是非常有趣的，因为它本质上是把内因归因于外部事件，例如把某个人的行为归因于“意志力”。不过，正如科学方法所揭示的那样，推断是一回事，客观地观察和测量行为与活动则是另一回事了。

二元论

这是由法国著名哲学家和数学家勒内·笛卡儿（René Descartes）提出的，因此，二元论也称为笛卡儿二元论。这一理论认为现实可以被分为两种截然不同的实体，即意识（思想）和物质（广袤）。像肉体这样的物质实体不能思考，而意识也不能创造物质。

笛卡儿被称为现代哲学之父，也被一些人称为心理学之父。他是一个敏锐的行为观察者，描述了诸如反射这种不受意识控制的运动。比如人们对火焰的知觉，当面前有一堆火时，并不需要意识的参与，身体便会反射性地后退。人们并没有刻意地回避火焰，因此，他们的反应是机械式的、不自主的。从本质上来说，回避行为涉及一系列肌肉收缩反应。

不过，笛卡儿认为意识和物质可以相互影响，这被称为交互作用论。他的这一观点与许多思想家的观点相悖。例如，柏拉图认为意识和物质是分离的，意识可以影响物质，物质却不能影响意识，就像木偶师可以控制木偶，木偶却无法控制木偶师一样。又例如，斯宾诺莎（Spinoza）认为意识和物质是同一实体的不同方面，就像线条可以是凸线，也可以是凹线一样。

笛卡儿曾经在法国皇家园林看到做机械运动的雕像，他受到了启发，而这在一定程度上影响了他的思想。他像孩子一样观察雕像的机械运动，发现按动踏板会让园林中的雕像移动，这丰富了他有关世界是如何运行的机械主义观点。笛卡儿的思想影响了后来两种截然不同的心理学流派：内省主义和行为主义。

经验论

经验论指的是，真理是通过观察和经验而得到的。17 世纪，英国哲学家约翰·洛克（John Locke）提出了这一理论。当时，许多思想家在争论人的能力和思想到底是不是与生俱来的，而洛克认为，思想是通过经验习得的。洛克认为人的意识就像一块白板，各种经验在白板上印上印痕，于是人就有了思想。

后来，英国哲学家大卫·休谟（David Hume）进一步发展了这一思想。他提出了一个哲学观点，即思想可以简化为可观察的物质，也就是实证主义。此外，他还发展了联想主义[①]，即一个刺激和想法会激发人产生与其他刺激或想法相关的联想。相互对应的事件如果频繁出现，就会成为习惯。例如，如果你知道按动开关灯就会亮，那你便习得了这个习惯。

唯物论

唯物论指的是只有理解了物质世界，才能理解现实，当然，意识也是物质世界的一部分。这一理论由苏格兰哲学家詹姆斯·穆勒（James Mill）提出，与笛卡儿的二元论形成对比，因为从字面上看，它将意识看作物质的。

现代心理学的 5 个流派

结构主义与威廉·冯特

历史的转折点发生在德国的一个小镇上，心理学开始从哲学的束缚中脱离出来，而促成这件事的，就是第一个把自己称为心理学家的

① 即联想主义心理学，近代哲学心理学的一个流派，它主张用观念或心理要素的联想来说明人的心理，流行于 17 ～ 19 世纪的英国。——编者注

人——威廉·冯特（Wilhelm Wundt）。他在德国莱比锡大学建立了第一个心理学实验室，并写了第一本心理学教科书。在德国良好的学术氛围的带动下，实验心理学得到了发展，例如，生理学的实验研究在德国逐渐发展成熟起来。

冯特致力于将他的实验室用于研究心理过程，并发展出一个名为**结构主义**的学派，这也是历史上第一个心理学学派。结构主义的核心思想是，心理由想法和思想等意识元素组成，它们就像化学元素，可以按照类似于化学元素周期表的方式进行编排。经过训练的实验观察者可以描述自己的体验，特别是视觉和听觉的感受，这就是他所说的**内省**。除此之外，冯特和他的学生还参与了反应时[①]的研究。

尽管结构主义在当时很有影响力，但它在20世纪初期就走向了衰落。

作为结构主义最激烈的批判者之一，美国心理学家约翰·华生（John B. Watson）认为，内省法的本质是主观和非科学性的。此后，他逐步建立起心理学最有影响力的学派之一，即**行为主义**，我稍后再对其进行具体讲述。

机能主义与威廉·詹姆斯

在行为主义发展起来之前，另一个心理学学派也在美国诞生了，那就是**机能主义**。威廉·詹姆斯（William James）是机能主义的创始

① 指机体从接受刺激到做出反应动作所需的时间，即从刺激到反应之间的时距。——编者注

人，也是美国最伟大的心理学家之一。他和同事詹姆斯·安吉尔（James Angell）的研究重点在于学习和感知等过程是如何产生的，而非心理过程的结构。也正是因此，这个学派才被称为机能主义。它强调可观察的行为，而非精神事件。

机能主义受到达尔文物种起源和进化论思想的影响，认为行为就像身体发展一样，是不断进化的。达尔文的兄弟弗朗西斯·高尔顿（Francis Galton）也对心理学做出了重要贡献。他建立了心理测量学这门学科，对人格和能力进行评估，并于 1884 年在伦敦大学建立了人体测量实验室，智力测验由此诞生。此外，高尔顿还以其广博的知识创造了“相关（系数）”（correlation）这个术语，绘制了英国第一张气象图，发明了指纹图谱，更是第一位描述高气压的人。

高尔顿是首批研究心理变量的遗传影响的学者之一。他认为杰出的父亲能繁衍出杰出的儿子，杰出的儿子将来又能繁衍出杰出的后代。当然，“杰出”也可能是由环境决定的。而且，在实验中，高尔顿并没有以平庸的男性作为对照组，而对照组是任何优秀的研究都应该设置的。不过，即便如此，高尔顿提出的心理特质可以遗传这一观点也是具有创新性的。

心理动力学理论与弗洛伊德

当冯特在莱比锡发表开展心理实验的声明时，维也纳的一位医生正在尝试用一种完全不同的方法去理解行为，并在知觉心理方面产生了无与伦比的影响力，这个人就是西格蒙德·弗洛伊德。弗洛伊德最初的研究植根于生物学和医学领域。后来，他根据对病人的观察而非实验建立了自己的人格理论，即**心理动力学理论**，强调无意识对行为的影响。与冯特的研究方法一样，弗洛伊德的研究方法也具有结构性特征，他将人格结构分为本我、自我和超我三个部分。具体内容，我会在第 6 章进行深入讲解。

行为主义与约翰·华生

20 世纪，另一个影响深远的学派也在美国迅速崛起，那就是**行为主义**，它主要研究可观察的行为。这一学派被认为是对内省法的强烈批判。行为主义者认为精神事件是无法被观察的，因此不能对其进行研究。他们甚至进一步强调，研究精神领域根本没有意义，因为我们不能以合理的方式研究它。

苏联著名生理学家伊万·巴甫洛夫（Ivan Pavlov）对行为主义学派做出了巨大的贡献，后人将他称为行为主义的鼻祖。他证明了在不依赖精神生活或内省的情况下，人们的行为仍然有可能被条件化。巴甫洛夫发现，饥饿的狗会在之前两个不相关的刺激之间建立联系。一开始，当提供食物时，狗会分泌唾液；而当摇响铃铛时，狗不会分泌唾液。然而，如果将铃声和食物配对呈现的次数足够多，之后即便单独出现铃声，狗也会分泌唾液，因为它已经在铃声和提供食物之间建立了联系。通过经验的累积，有机体会对之前不会使其产生反应的刺激做出反应。

约翰·华生将这个现象运用在人类身上，并在他 1919 年出版的行为主义专著《行为主义心理学》（*Psychology from the Standpoint of the Behaviourist*）中进行了更加具体的论证。华生是一位极具魅力的心理学家，他彻底否定了内省法，并认为心理学完全是自然科学中的一个分支，应该用客观实验的方法进行研究。华生的研究对象都是可观察的行为——人和动物对刺激的反应。他的研究方法和观点逐渐被主流心理学采纳，因此，行为主义不再作为一个独立的学派而存在。关于华生的实验，我会在第 4 章详细地讲述。

20 世纪 30 年代至 60 年代，行为主义得到了全面的发展。这期间，斯金纳（B. F. Skinner）做出了最有意义或许也是最重要的贡献。作为一个行为主义学家，斯金纳在刺激和反应之间的关系，特别是在行为如何被强化物影响的基础上，提出了解释行为的学习模型。在迄今为止最有影响力的有关学习的研究中，他发现通过给予鸽子特定强化物的方式来训练，可以改变它们的行为方式。在实验中，只有当鸽子做出了某种特定的行为，比如按压一次或四次杠杆，它们才能获得食物。而通过训练，鸽子们学会了通过按压相应次数的杠杆来获得食物。这一原理被称为操作性或工具性条件作用，因为有机体学会了“操纵”环境。人类和动物都是遵照规则做出行为的机器，都是空洞的有机体，与心智或精神的运作毫无关联。关于操作性条件作用，我会在第 4 章进行详细的讨论。

认知心理学

20 世纪 60 年代被称为**认知革命**的 10 年。这一时期出现了一个新兴的学派，强调人类和其他有机体如何对通过感觉器官传入脑的信息进行加工，电脑被视为研究脑或心理如何运行的理想模型。另一项发源于 19 世纪的革命，即**生物革命**，同样对心理学产生了影响。例如，研究人员观察到，不管电脉冲传递的信息是有关人们看到的还是听到的事情，脑中的神经元都是通过电脉冲进行信息交流的。

关于脑如何处理语言这样的具有鲜明人类特色的行为，19 世纪中叶，有两份研究报告改变了人们的认知。

法国外科医生皮埃尔·保罗·布洛卡（Pierre Paul Broca）描述了一个被称为“坦”的病人的情况。这位病人的真名叫莱沃尔涅，他说话时只能发出“Tan”的音。他曾经得过中风，无法流利地说话。在解剖坦的脑时，布洛卡发现，他的脑前部左侧有一个很小的、鸡蛋形的缺口。布洛卡认为，这个缺口所覆盖的脑区就是产生言语的中心区域。现在，这个区域被称为“布洛卡区”，而像坦这样的病人所表现出的言语障碍则被称为“布洛卡失语症”。

卡尔·威尔尼克（Carl Wernicke）发现了另外一组患者，他们表现出坦完全相反的症状：能说话，但不能理解语言的含义。他们脑的受损区域和坦受损的区域很接近，现在被称为“威尔尼克区”，他们表现出的言语障碍被称为“威尔尼克失语症”。威尔尼克推断，这正是脑对发出言语的声音进行加工，并使听到的言语形成连贯、有意义的词或句子的区域。

现在看来，这些结论略显粗糙，因为如果一个人丧失说话的能力，那么他脑损伤的区域要比坦损伤区域的面积更大。但总的来说，这些结论还是成立的。这些病人代表了心理学史上最初真实且最知名的个案研究。当然，你在本书中还会看到许多其他的个案，比如菲尼亚斯·盖奇（Phineas Gage），在脑受损后，他的人格和社会行为发生了巨大的变化；又比如 H. M.，他因为一起脑手术而导致无法形成新的记忆。

在心理学的认知和生物变革中，还有两项很重要的里程碑式的工作。第一项是在 1870 年，古斯塔夫·弗里奇（Gustav Fritsch）和爱德华·希齐格（Eduard Hitzig）这两位科学家第一次用实验证明，某种功能或行为可以在脑中进行定位，也就是说，脑的某个区域负责某个特定的功能或行为。他们发现，用电流刺激狗的脑的不同部位，会使狗身体的不同部位做出反应。这与上面描述的个案研究完全不同，因为个案研究不是实验性的，而只是提供了相关性的研究结果。例如，按照推断，脑的损伤会导致言语障碍；弗里奇和希齐格的工作则是首次通过实验的方式观察到刺激脑部所带来的反应。

第二项里程碑式的工作是弗朗茨·约瑟夫·高尔（Franz Joseph Gall）和施普尔茨海姆（Spurzheim）在 19 世纪进行的研究（当然，现在已没有人把这个研究当真了）。他们推论，脑的每一个区域都对应着特定的功能。比如说，人们在思考道德或数学问题时，对应的脑区就会过度活跃，而这种过度活跃会导致头盖骨上出现一个凹进。这种研究被称为解剖人格学或颅相学。这个理论显然很滑稽，于是迅速遭到了反驳。一位颅相学的强烈批评者把一个严重低能者的脑呈现给高尔和施普尔茨海姆，然而，这个人脑的凹进却表明他应该是一个数学天才。尽管并不可靠，但这种观点是现代功能定位说的萌芽，认为不同的脑区承担着不同的功能。

直到现在，心理学家仍然在研究脑损伤的病人，因为他们所提供的有关脑功能受损的宝贵数据是无法通过任何其他方式获得的。当然，现代心理学也要借助脑成像技术的巨大力量。脑成像技术以某种特定的生理过程为基础，比如血流量和氧气消耗，让研究者可以测量并捕捉到脑的结构和活动。最知名的脑成像技术有磁共振成像、功能性磁共振成像和正电子发射断层扫描技术。几乎所有的行为研究都要用到这些技术，包括对面部感知、说话、阅读、嗅闻、品尝、推断他人的动机、体验某种情感、做出道德判断等的研究。下一章，我会更具体地介绍这些技术的原理及其优缺点。

心理学领域的 3 种研究方法

正如前面所讲的，心理学家用科学的方法研究行为，因为这是获得知识最好的途径。具体而言，他们主要通过 3 种常规的方法开展研究工作。第一，**自然观察法**，达尔文在比格尔船上航行时，或者瑞士心理学家让·皮亚杰（Jean Piaget）在观察孩子们的游戏以及认知功能发展时所用的就是这种方法。第二，**相关研究法**，指在两个或两个以上的测量变量之间建立关系，如在人格与智力或美丽的外表与智力之间建立关系。第三，**实验研究法**，该方法不同于前面两种方法，它不只是简单的测量，还需要人为制造某些事件的发生。通常，实验者在进行实验时需要遵循以下 5 个步骤：

PSYCHOLOGY

1. 确定一个研究问题并进行因果关系推断；
2. 设计一个实验；
3. 进行实验；
4. 分析实验数据，验证假设是否可以得到支持；
5. 交流实验结果。

在阅读后面的内容之前，不妨先来熟悉一下实验过程中经常用到的术语吧。下面列出了一些最常用的术语。

PSYCHOLOGY

假设：针对一项研究所做的陈述或对实验结果的预期，通常是指推断两个事件之间的因果关系。

理论：能够解释某种现象的陈述，假设源于理论。

定量研究：研究可以量化的行为或事件的各种实验，比如实验中产生的智力测验分数、反应时、心率和激素水平等。

定性研究：与定量研究不同，它研究的是被试行为的含义和情境，例如他们的演讲或写作能力。定性研究的重点在于个人经验、反应和感觉。

控制组：实验中能够用来做比较的组别，它不受实验条件本身的影响。

实验组：实验中直接受到实验条件影响的组别，如服用某种药物或者在确定的条件下完成任务的组别。

被试：心理学实验或心理测验中接受实验或测试的对象。

独立 / 被试间设计：实验中每组的实验条件都不相同，如一组服用药物 A，另一组服用药物 B，每组不会同时服用这两种药物。

重复测量 / 被试内设计：每组都接受实验中的所有条件。例如，想要观察被试认出正确词语的速度是否快于认出假词或非词的速度，就要求所有被试都参与对这三类词语的判断。

变量：具有可变价值的事物，也就是心理学家在实验中操纵的事物，如光亮程度、词汇类型、焦虑水平、智力分数，甚至是性别。

自变量：实验中可以被直接操纵的因素。例如，心理学家通过让被试回忆悲伤或快乐的事情来操纵他们的心境，因此心境对创造力的影响就可以测量了。而在这里，心境就是自变量。

因变量：被测量的变量。在上面那个例子中，创造力就是因变量。

效度：一项研究是否测量了该研究应该测量的事物。“聪明的汉斯”和巴纳姆效应便是两个著名的缺乏研究效度的例子。具体内容见后文。

信度：一项研究中测量的结果是否具有一致性。例如，对成人身高的测量是相当可靠的，因为它不会一周变化一次，但对学术能力的测量则没有那么可靠了。

你可以在最奇怪的地方、从最奇怪的事情中学到心理学，比如一匹叫汉斯的马。在心理学领域，“聪明的汉斯”是一个众所周知的案例。这个案例之所以出名并不是因为汉斯很勇猛，而是为了强调要质疑你看到的或听到的任何事情。

汉斯是一匹可以表演读心术的能力非凡的马。当人们向它的主人提出问题，比如“2+3 等于几”，它就会摇晃着走到观众面前，用蹄子敲打出正确答案。整个德国都对这匹神奇的马着迷了。1904 年，为了研究这匹聪明、会读心术的马，研究者们成立了一个委员会。最后，他们得出结论：这匹马并不能根据周围人的外部提示做出反应。如果可以，那它简直能赶上魔术大师达伦·布朗（Derren Brown）了。

然而，委员会中有一个心理学家对此非常怀疑，并要求一个研究生进行深入的调查。该研究生建议在马的上方放一个闪光灯，这样它就无法获得任何外部的视觉线索了。果然，当这样做时，汉斯非凡的能力全都消失了。事实上，汉斯擅长的是理解他人的肢体语言，甚至是微妙的身体提示。

“聪明的汉斯”的例子是一堂有关如何质疑的课。它告诉我们，要去质疑那些看似显而易见或非同一般的现象，并亲自去证实、排除可能导致这些现象出现的原因。

下面，我们通过参观马戏团的例子，特别是巴纳姆效应，来继续探讨这个话题。看一看下面的陈述并指出哪句话能最好地概括你。对选择的数量没有要求，你可以尽可能多地选择你喜欢的。

◎ 你是一个习惯于自我批评的人。

◎ 你非常需要他人喜欢和称赞你，但你又为自己是一个独立的思考者而自豪，并且不接受他人没有充分证据的评论。

◎ 你有大量未被挖掘出的能力，并且还未将它们转化成你的优势。

◎ 虽然存在一些性格上的弱点，但你通常能弥补它们。

◎ 你喜欢改变和变化，当受到约束和限制时，你会觉得不满意。

你是否觉得以上大多数陈述都在描述你？也许你的回答是“是”，因为这些陈述其实能适用于任何一个人。这就是巴纳姆效应，以伟大的马戏团表演者菲尼亚斯·泰勒·巴纳姆（Phineas Taylor Barnum）的名字命名。巴纳姆认为“每分钟都会有傻瓜降生”，他的这种娱乐能为人们的生活提供点乐趣。巴纳姆效应被占星师和算命的人无情地滥用了，他们的预测如此模糊和普遍，以至于可以适用于所有人。例如，如果说有什么事情会让所有水瓶座的人都憎恨，那也未免太过一概而论了。

心理学家在多种场景下验证了这个效应的强度，结果显示它具有很强的欺骗性。即使是对那些被人们认为比较聪明的大学生和人力资源主管来说，巴纳姆效应也能让他们在个性测试中找到共鸣。在一项实验中，伦敦大学学院的阿德里安·弗恩海姆（Adrian Furnham）要求被试提供一缕头发进行“毛发分析”。一段时间后，他们会得到基于样本的有关健康状况的反馈。事实上，所有被试得到的都是伪造、乏味的结论，比如“你的饮食虽然已经足够，但如果再增加一些蔬菜、水果，你一定会从中获益”“你可能比同龄、同性别的人毛发更多”“你偶尔会特别想吃某些食物”。然而，大多数被试都认为自己得到的结论非常准确。

在下一章，你会看到心理学家是如何运用这章所描述的技术和研究方法来研究各种各样的行为的，从脑的活动到社会发展，甚至是心理健康。

要点总结

1. 心理学： 对人类与非人类动物的行为进行科学研究的学科。

2. 现代心理学的 5 个流派：

- **结构主义：** 第一个心理学学派，认为心理是由想法和思想等意识元素组成的，并且可以按照化学元素周期表那样的方式进行编排，代表人物是威廉·冯特；
- **机能主义：** 强调可观察的行为，而不是精神事件，代表人物是威廉·詹姆斯；

- **心理动力学理论**：弗洛伊德根据对病人的观察而建立的人格理论，强调无意识对行为的影响，将人格分为本我、自我和超我；
- **行为主义**：强调可观察的行为，认为精神事件是无法被观察的，是对内省主义的强烈批判，代表人物是约翰·华生和斯金纳；
- **认知心理学**：强调人类和其他有机体如何对通过感觉器官传入脑的信息进行加工。

3. 心理学领域的 3 种研究方法：

- **自然观察法**：例如皮亚杰在观察孩子们的游戏和认知功能发展时所做的那样；
- **相关研究法**：建立两个或两个以上测量变量之间的关系；
- **实验研究法**：不仅要测量，还要人为制造事件发生，并遵循 5 个步骤进行试验。

中枢神经系统与人的行为

脑的不同区域有什么功能?

心理学家通过什么方法研究人的脑和行为?

睾丸素会增加人的攻击性吗?

精神类药物会对人的行为产生什么影响?

在一堂面向硕士生的法律心理学课上，我用一张幻灯片给他们展示了摘自美国一份报纸的头条新闻的标题：“扫描婴儿的脑就能找出未来的杀人犯”。这个标题着实让人震惊，它表明了两件事：首先，在过去20年里刚刚发展起来的神经成像技术赋予了科学家一个难得的机会，使他们能够以30年前无法想象的方式研究人们的行为和脑的关系；其次，人们过度神化了神经成像技术。实际上，这些令人欢欣鼓舞的新技术并不是无所不能的。

人们声称可以用脑扫描技术来测谎，寻找脑中哪个地方负责道德行为，确定哪些婴儿在未来更有可能成为罪犯，以及其他诸如此类的令人神往的宏伟目标——这些论断均来自2007年2月《卫报》的头版头条报道“能够解读人们意图的脑扫描技术”。当然，脑扫描技术现在还无法做到这些事，但它为脑在人们产生言语和理解、情绪、感觉和知觉以及其他心理活动的时候是如何工作的提供了大量数据。下面，我会讲到其中一些脑成像技术及其作用。根据伍迪·艾伦的观点，脑是他第二爱的器官。接下来，我就要讲述这个器官的结构，也正是这个器官帮助他去思考自己最爱的器官。

脑的结构和功能

人们所有的行为都源于脑的运作。正因如此，心理学家已经详细研究了它的结构和功能。脑及其延伸出的脊髓是神经系统的一部分，又被称为**中枢神经系统**。处于中枢神经系统以外的所有神经纤维都属于**外周神经系统**，这些外周神经将中枢神经系统与来自身体的各种感觉器官、肌肉和腺体的信息连接起来。成年人的脑重达 1 400 克，是一块不美观且松动的燕麦色组织。然而，正是这块组织使我们能够完成本书中描述的所有事情。

脑这块组织被很好地保护着。它不仅被包裹在坚硬的头盖骨里，还被脑脊髓液和几层叫作脑膜的保护膜包裹着。脑包括左右两半，被称为**脑半球**。这左右两半由一条叫作胼胝体的粗粗的白质纤维束连接在一起。当通过外科手术切断胼胝体，病人就会表现得像有两个脑一样，因此他们也被称为“裂脑人”。事实上，病人之所以会有这样的表现，是因为他们脑的两个半球无法相互交换信息。

脑的最外层被称为**皮质**，也叫作**大脑皮质**，外表看起来是皱褶的。它之所以是皱褶的，是因为皮质是折叠的，并且由裂缝（长沟）、脑沟（短一些的裂缝）和脑回（突起）构成。这使得脑在有限的头盖骨空间里可以尽可能多地增加表面积。你可以想象一下将一张 A4 纸放入火柴盒中会怎样。除非不断折叠或揉皱这张纸，使其适合火柴盒的大小，否则你是做不到的。这就是脑在头盖骨里发育的方式。有机体越复杂，皮质上的皱褶就越多。皮质负责人的思维、情绪、感知和其他行为，而且是最晚发育的。从生物进化的角度来说，脑中最晚发育的部分是脑前面的部分。在图 2-1 中，可以看到中枢神经系统的构成。

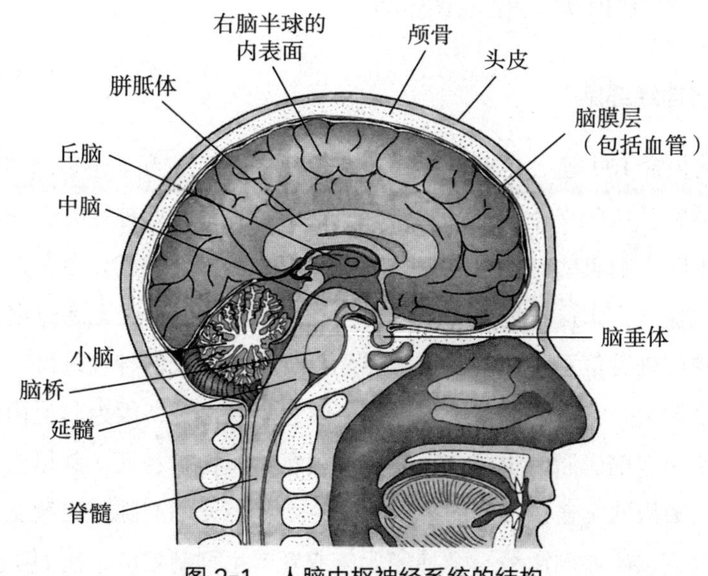

图 2-1　人脑中枢神经系统的结构

大脑皮质又叫**大脑**。还有一个被称为**小脑**的脑结构，看起来像一个缩小版的脑，位于脑后方稍微靠下的位置。小脑主要参与身体姿势和动作平衡的控制，以及其他一些功能。

从脑后延伸出脑桥和延髓，这部分也被称为**脑干**，脑的颅神经就来源于此。人有 12 条颅神经，负责把有关感知器官和肌肉的信息传递到脑的其他部分。其中最大的颅神经是三叉神经，它会对化学刺激做出反应。例如，剥洋葱会流泪以及闻氨气会被熏到就是因为三叉神经受到了刺激。我们之所以能够做出咀嚼这样的行为，是因为做出咀嚼动作的指令是通过颅神经来传递的。此外，颅神经也控制着嘴部肌肉动作、眼部肌肉动作和舌头的运动。

脑中的神经细胞

脑包含 100 亿至 1 000 亿的**神经细胞**（**神经元**）和差不多同样多的**支持细胞**。这些支持细胞又叫作胶质细胞，负责协助神经元工作。人在出生时，脑里的神经元数量是最多的。事实上，神经元会在人出生以后大量死亡，这种现象会一直持续到人们成年。神经元通过电流和化学物质进行信息传递。一个神经元至少有一根长的神经纤维，也就是一个轴突。它看起来像一根电线，颜色呈乳白色，因为它上面包裹着一层叫作髓磷脂的物质。轴突传递信息给其他神经元，其尽头是突触。突触指的是连接轴突的末端和另一个神经元的间隙。突触能产生兴奋效应，比如刺激另一个神经元；或者产生抑制效应，比如阻止其他神经元的特定反应。

神经元还有很多向外扩展的结构被称为树突，它的作用是接收来自其他神经元传递的信息。在轴突的末端，突触小体和其他神经细胞形成突触，这些突触小体释放被称为神经递质的各种类型的化学物质。这些神经递质被突触后神经元接收，影响人们的行为。没有被使用的神经递质要么被支持细胞清理干净，要么被释放该递质的神经细胞重新吸收，这一过程被称为**再摄取**。

神经递质对脑的正常工作来说是必不可少的。例如，研究发现，抑郁症患者所释放的 5- 羟色胺这种神经递质有所减少，抗抑郁药物则力图使其恢复至正常水平；帕金森病患者表现出严重的运动功能障碍，无法有效地控制自己的肢体运动，而他们脑中就存在过量的被称为多巴胺的神经递质，左旋多巴这类治疗帕金森病的药物，就是通过抑制病人产生过量的多巴胺而起作用的。这两种神经递质对人的大量行为都具有重要的影响。

神经递质的释放是由沿着轴突向下传递的电信号引起的。这种现象被称为**动作电位**，即轴突的放电。轴突上没有被髓磷脂包裹的部分使得电冲动会以更快的速度进行传递，电冲动可以从一个有髓磷脂覆盖的部分直接跳到下一个部分。而对于多发性硬化患者来说，他们的轴突上完全没有髓磷脂，这使得电冲动要么传递得很慢，要么就根本无法传递。神经细胞之间交流的方式是极其复杂的，上面所描述的过程仅仅涉及十分简单的信息，你可以在后面的拓展阅读部分找到更多关于这方面的信息。

脑不同区域的功能

脑的两个半球看上去十分相似，但从解剖的角度仔细观察，其实差异很大。大脑皮质一般被分为 4 个部分，称为**脑叶**，它们分别是**额叶**、**颞叶**、**顶叶**和**枕叶**。其中额叶是大脑皮质中面积最大的部分，覆盖着三分之一的大脑皮质。它们之所以被这样命名，不是出于某些重要的心理学因素，而是因为它们对应的头盖骨的部位有所不同。不过，正如其名称所揭示的那样，每个脑叶也确实有特定的功能。图 2-2 展示了每个脑叶的位置。

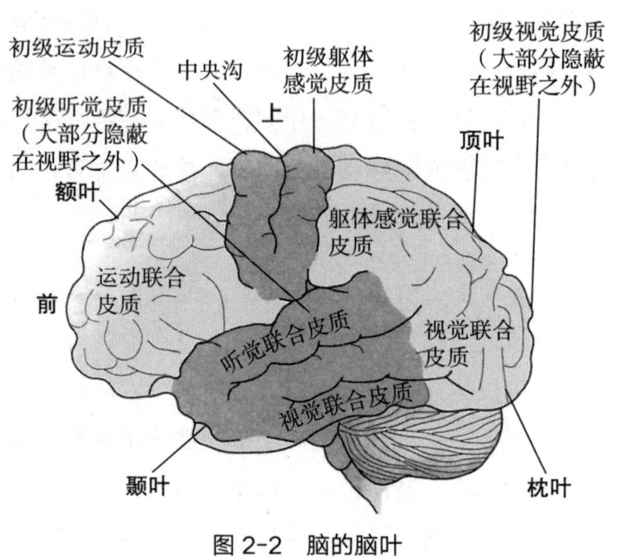

图 2-2　脑的脑叶

认为脑的某一特定区域负责某种特定功能或行为的观点被称为**脑功能定位说**。如果某个功能定位在脑的某一侧，这一现象被称为**脑功能偏侧化**，如果某个功能同时定位在脑的两个半球，这一现象则被称作**脑功能双侧化**。下面列出了每个脑叶承担的一些功能：

枕叶

◎ 知觉加工和视觉信息加工；

◎ 识别物体和面孔；

◎ 构建心理图像。

颞叶

◎ 识别说出的词语；

◎ 理解语言；

◎ 提取常识信息；

◎ 编码自传体记忆事件；

◎ 形成记忆；

◎ 加工声音和音乐；

◎ 阅读布莱尔盲文。

顶叶

◎ 保持注意力；

◎ 知觉加工和理解空间关系；

◎ 形成意象；

◎ 技能学习；

◎ 伸手抓取；

◎ 记忆提取；

◎ 算术能力；

◎ 躯体感觉（触觉）。

额叶

◎ 形成工作记忆（指当人们在执行某种行为或产生某种想法时，还能短时间保留信息的能力）；

◎ 保持注意力；

◎ 抑制不当情绪的产生；

◎ 开始、计划和编排动作；

◎ 察觉和辨别气味；

◎ 理解笑话的意思；

◎ 理解他人的意图和想法；

◎ 体验正面的和负面的情绪。

脑叶中存在负责加工听觉、嗅觉、味觉、躯体感觉和视觉这 5 种感知觉信息的区域。当这些感觉信息抵达脑部，正是负责加工各类信息的大脑皮质对接收到的感觉信息进行解读。眼睛就是一个很好的例子：眼睛接收到的视觉信息依次经过各种感觉通路、脑区和脑结构，最终到达脑中的初级视觉皮质。只有到了这个脑区，人们才能理解这些视觉信息。视觉信息经过初级视觉皮质的加工，使人能够理解各种信息，例如物体是否在运动、物体是什么颜色、物体的清晰度，等等。初级听觉皮质、初级运动皮质和躯体感觉皮质分别以类似的方式加工接收到的声音信息、动作信息和触觉信息。身体做出的动作越复杂，参与工作的大脑皮质就会越多，正如图 2-3 所示的那样。

脑的运动皮质对人身体运动的控制是**对侧化**的——右脑负责控制左侧身体的运动，左脑负责控制右侧身体的运动。视觉加工也是一样，来自左侧视野区的视觉信息会被传递到右脑。也有研究发现了听觉信息加工对侧化的证据，但是，听觉信息同样也会被传递到与接收耳同侧的脑半球。在大脑皮质中，还存在次级皮质，即联合皮质，接收来自初级皮质的信息。在图 2-3 和图 2-4 中，你可以看到哪里是大脑皮质的初级皮质区域，哪里是次级皮质区域。令人感到好奇的是，在大脑皮质区，负责加工实际视知觉信息和控制身体运动的区域与负责参与想象视觉表象和身体运动的区域存在大量重叠，比如想象你正在使用钢笔写字。

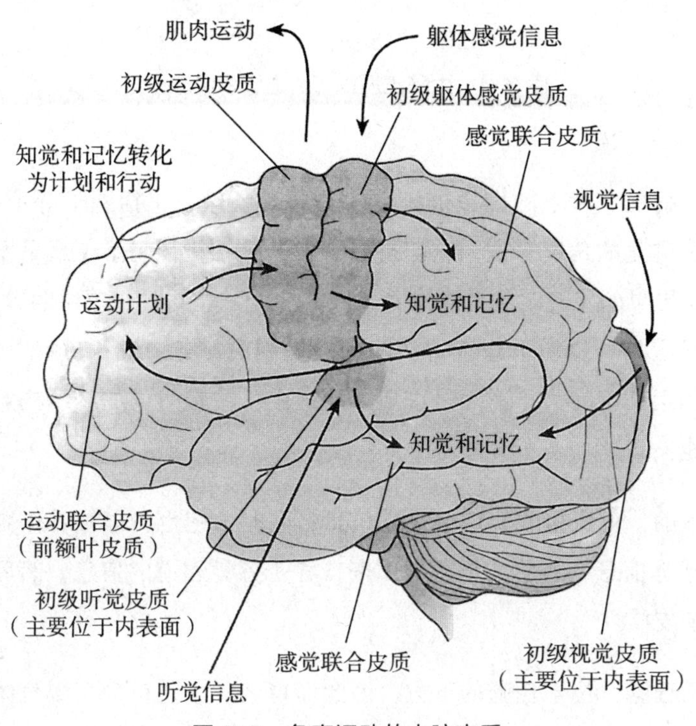

图 2-3　负责运动的大脑皮质

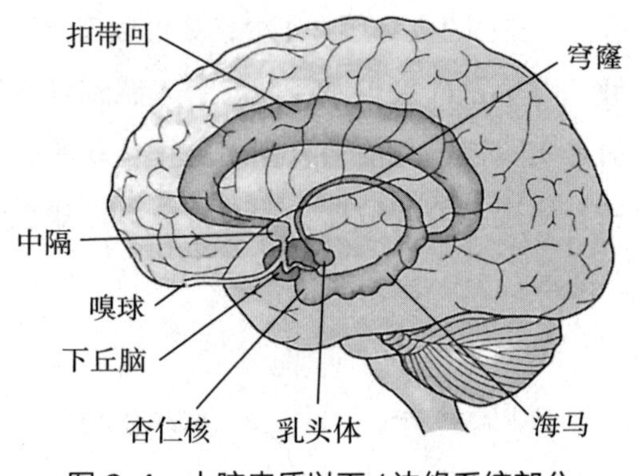

图 2-4　大脑皮质以下 / 边缘系统部分

大脑皮质以下的区域被统称为皮质下脑区，包括脑干等脑结构。从生物进化的角度来说，它们是最古老的脑结构，是脑中最早发育的部分。更早的发育时间也意味着它们的功能是相对更“原始的”。从这个意义上讲，皮质下脑区的功能涉及控制饥饿、口渴、进食、饮水、恐惧和运动等行为。下面是皮质下脑区中一些最重要的脑结构及其主要功能：

丘脑，负责接收、整合感觉信息；同时，它也可以被看作脑中的一种感觉信息中继器，负责加工来自各个感觉通道的信息，然后传递给大脑皮质。

下丘脑，位于丘脑的下方，因此而得名。这是负责探测身体机能变化的一个小的脑区，可以监控血液通过脑的情况。同时，它还调控着一个叫作脑垂体的脑结构，而脑垂体会产生激素——人体内一种能激发身体去完成各种事情的化学物质，其功能类似于神经递质，但能传递得更远。此外，下丘脑还控制着自主神经系统，这是神经系统中控制腺体和体内器官的部分。自主神经系统中的交感神经分支参与需要消耗能量的各种活动，通过提高肌肉的血流供给使人对需要做的行为做好准备。这些活动包括跑步、心脏快速收缩、瞳孔扩散或达到性高潮等。相比之下，自主神经系统中的副交感神经分支则控制着不那么需要在短时间内消耗大量能量的活动，例如食物消化、瞳孔收缩等。

基底神经节是一组神经细胞核团，主要功能是参与人的运动行为。帕金森病与这个脑区的功能变化有直接关系，而且治疗帕金森病的手术就是专门针对这些脑结构进行的。

边缘系统是一组皮质下结构的代名词，其中最重要的两个结构是杏仁核和海马。杏仁核的作用是监控周围环境中的威胁或负面事件，识别恐惧信息以及调控打架、逃跑等短暂的生理活动。海马对于记忆的形成具有十分重要的作用，海马受损的人无法学习新的事物。此外，海马还和其他脑结构一起参与空间导航的加工，这一点在第 4 章中也会讲到。

研究脑和行为的认知神经技术

心理学家通过各种技术和实验方法来了解脑是如何组织、工作以及参与人的行为的。虽然其中有些技术、方法听起来更具吸引力，比如神经成像技术要比列举脑损伤造成的影响听起来更让人欢欣鼓舞，但实际上，这两种研究技术都在心理学中发挥着重要作用。

心理学家也会使用测量血压、心率、激素与抗体分泌、皮肤电反应、呼吸、肌肉收缩等外周生理过程的技术。例如，通过肌电扫描技术，即测量人在产生情绪时的面部肌肉运动，可以探测肉眼看不到的肌肉运动变化，而这些细微的肌肉运动变化可以告诉我们一个人的真正感受。记录皮肤电反应是多导生理记录仪的一个功能，也就是所谓的测谎仪，由漫画《神奇女侠》的作者发明。或许你知道神奇女侠，她用真言套索打败了许多坏人。不过，多导生理记录仪其实并没有《神奇女侠》描述得那么神乎其神，它只是能够探测人生理唤醒水平的变化。通常人在说谎时会伴有生理唤醒水平的变化，而生理唤醒水平的变化可以通过皮肤电位变化来推算——皮肤电位的变化是由皮肤出汗导致的。

此外，心理学家还会通过心电图来测量心率，这也是应激研究中的一个重要变量。例如，好胜心强的人患心血管疾病的风险更高，因为他们的心率比有合作精神的人更快。

心理学家使用的最有创伤性的研究技术是**脑损伤研究法**。在动物实验中，心理学家通常会破坏动物脑中他们感兴趣的脑区并研究破坏后的结果。神经心理学家也会研究由脑外伤、外科手术、脑病菌和中风这类神经病理疾病等导致的脑损伤对人行为的影响。有些脑损伤的病人会出现不同寻常的症状，而这或许有助于解释以下几个问题：

◎ 当一个人的脑功能受损时，脑是怎样工作的？

◎ 脑在正常状态下的工作形式是怎样的？

◎ 我们是怎样完成阅读或说话等特定行为功能的，毕竟病人的症状总是和特定的功能紧密地联系在一起。

有些病人无法抑制不适当的想法和情感；有些病人无法识别物体，甚至无法辨别自己和熟人的面孔；有些病人虽然视力和视觉系统完好无损，却出现了“眼盲”的症状；还有些病人患上了严重的遗忘症，即记忆缺失。此外，还有的病人会患上深层失语症，阅读能力严重损伤，比如会将语义相近的词语读错，把“睡觉”读成“做梦”等；或者患上拼音性失读症，无法阅读非文字或伪词，比如无法识别“splant”这个词。通过这些症状，我们或许能够了解人究竟是如何学会阅读的，不过，具体内容到第 5 章再讲。

各种**神经成像技术**要么是能够记录脑结构，要么是能够记录脑功能。能够记录脑结构的技术主要有两种，分别是计算机断层扫描和磁共振成像。**计算机断层扫描**是利用 X 射线技术呈现脑结构的二维图像，其具体方法是使用 X 射线从各种角度穿过头，然后测量 X 射线的辐射量。**磁共振成像**的方法是，让被试的头进入带有磁场的扫描仪器内，这时脑中的氢分子会发生共振，而磁共振成像仪器会扫描并探测这些共振现象——这就是一次扫描。计算机断层扫描和磁共振成像都有良好的空间分辨率，可以形成一个相对详细的脑结构图。

能够记录脑功能的技术主要有两种，分别是正电子发射断层扫描和功能性磁共振成像。**正电子发射断层扫描**是创伤性的，需要向脑注入放射性的糖浆或水。这背后的假设是新陈代谢旺盛的脑细胞会消耗更多的氧气或者有更大的血流量，血液将氧气运输到需要能量的细胞中。于是，最活跃的脑区的放射量会不断增加，因为有更多的血液流向那里。注入脑的糖浆或水中的放射性部分被称为正电子，当它们被释放出来，机器就会探测到，因此，活跃的脑区就会在脑图像中显现出明亮的颜色。**功能性磁共振成像**是一种无创的研究技术，通过监测脑细胞的氧气消耗量来进行。

值得一提的是，这些研究技术并不能直接测量神经活动，而只能测量血流量和氧气消耗量等对神经细胞而言很重要的新陈代谢过程。如今，虽然功能性磁共振成像的应用范围比正电子发射断层扫描更广，但这两种技术都还是被用来研究健康的人和心理障碍患者的脑活动。例如，科学家使用这两种技术研究人们的记忆、知觉、社交能力、个性、语言、感觉、精神疾病、暴力和其他许多类似的问题。

有研究人员曾经提出过一个假设，认为我们用不同的脑区来分别负责、处理无生命和有生命的视觉刺激，并试图通过实验来证实这一假设。有研究人员在实验中发现，人在观看工具类刺激和动物类刺激的时候分别激活了不同的脑区。其他研究还发现，脑中存在着专门加工面孔的脑区。

近年来，功能性磁共振成像开始被用来研究更加复杂的行为，例如脑怎样帮助人们在虚拟的伦敦市进行定位、脑如何对《辛普森一家》和《宋飞正传》等电视节目做出反应，甚至是人怎样对爱人的面孔做出反应。

正电子发射断层扫描和功能性磁共振成像也被用来研究脑功能在脑受到外伤后是如何恢复的。例如，在脑损伤后，有的病人语言能力的好转与右脑更强的神经活动密切相关，但对正常人而言，通常是脑的左半球承担着语言和言语加工的功能。因此，有一种脑功能康复理论认为，接受康复训练的脑损伤病人之所以语言能力得到了提升，是因为他们的右脑接替了坏死的左脑的功能。直到有了神经成像技术，心理学家才能直接检验这一理论。而现在，心理学家已经可以直接观察这些现象了。

最后，简单说一下心理学家还会运用到的其他几种技术。**脑磁图**是测量神经细胞产生的磁场，因此，当一个人说话时，参与讲话的脑区会产生更强的磁场。**脑电图**是用放置在头皮上的电极来测量脑电活动。脑电图技术可以用来检测和监控癫痫这种表现出病灶电活动不规律特点的疾病，还可以用来区分睡眠的不同阶段——事实上，睡眠的阶段通常就是用脑电活动来定义的。**重复经颅磁刺激**是用一个形似短桨的特定装置产生交替的磁场短暂地刺激脑的某些区域，这样可以暂时地、却无真正损伤地扰乱脑功能。因为其刺激是无害的，所以该技术已经被广泛用来研究图片命名、动词产生、基本言语等功能，以及被运用于治疗抑郁症，当然，效果并非每次都很理想。

饥饿和性：人类最基本的生物学行为

我之所以在这里讲到这两种行为，是因为它们或许是人最基本的生物学行为，不同于理解隐喻、在雨中开车、给针穿线、演奏交响乐或者解读爱人表情中隐含的“我想我们应该结束这段感情”等。基本行为有时也被称为动机驱动的行为，原因很简单，因为每个人都有内在的动力或欲望去做这些行为。这些行为能够满足某种基本的通常是生理的需求，而这种满足又使人达到了某种程度上的体内平衡，即处于稳定或均衡的状态，使身体可以最优化地运作。

人之所以会饥饿，是因为体内缺少葡萄糖和某些脂肪酸。胃几乎与饥饿没有任何关系，即使没有胃，人也仍然能感觉到饥饿。人体通过摄入食物产生葡萄糖，但人体消耗食物的量比需要的量大。因此，多余的葡萄糖就被储存起来，在肌肉或脂肪中被转换成其他物质。人体将摄入的食物分解成葡萄糖来为身体提供所需的能量，这一过程被称为吸收期。而当人处于空腹期时，人体则利用从葡萄糖中获得的能量来保持正常运行。胰岛素在这一过程中发挥着重要的作用，可以使细胞吸收葡萄糖。如果人体不再分泌胰岛素，身体就无法吸收葡萄糖，也就是患了糖尿病。当体内葡萄糖水平下降，人们就会主动寻找食物。如果无法获取任何食物，身体就会利用其中的葡萄糖储备，通常是指肌肉中的糖原。直到最后，脂肪才会被分解为葡萄糖。

饮食心理学中有一个十分吸引人的现象，被称为“特定感觉的饱足”，指的是人们对于食物带来的饱足感和愉悦感的评价等，是由该食物的颜色、形状、味道、气味等特定感官属性决定的。例如，牛津大学的芭芭拉（Barbara）和埃德蒙·罗尔斯（Edmund Rolls）的系列研究表明，当以三种不同的形状来呈现意大利面时，顾客会比用一种形式呈现时吃得更多；当糖果具有丰富多样的颜色时，顾客会比它只有某种特定颜色时吃得更多；当顾客点了四道菜时，他会比只点一道菜时吃得更多。人们对吃过的食物的评价会降低，而对没吃过的食物的评价却很稳定。例如，如果你吃了一盘香肠并感觉非常饱足，那么你对香肠带来的愉悦感的评价就会降低；然而，如果吃的是另一种食物，你就会觉得那盘香肠更好吃。

人之所以会有这种特定感觉的饱足，其中一个原因是吃多种食物可以保证身体摄入多种营养，进而可以增加生存和维持健康的机会。位于额叶底部的眶额皮质似乎能够调节人的饱足感。闻到吃过的食物，例如香蕉的气味，这个脑区的活动水平会降低；相比之下，闻到没有吃过的食物，例如香草的气味，这个脑区就会变得活跃。有学者用巧克力作为摄入食物来进行研究，也得到了同样的结果。

与饮食行为不同，性行为是一种自主行为，人们对性行为其实并没有生理性需求。20 世纪 60 年代，威廉·马斯特斯（William Masters）和弗吉尼亚·约翰逊（Virginia Johnson）发表了一篇经典的报告，报告表明性行为的发展有 4 个渐进的阶段。

PSYCHOLOGY

兴奋期：无须解释，这是在初次接触、前戏和性交过程中发生的；

平台期：持续进行性交活动，但是性兴奋度和性唤醒度不再增加，而是趋于稳定；

高潮期；

消退期。

男性和女性会产生性幻想，并伴有性器官充血。对男性来说，血液流向阴茎；对女性来说，血液流向阴唇和胸部。当人在幻想或实际进行性交行为时，有多个脑区参与，包括下丘脑、杏仁核和眶额皮质。斯坦福大学在 2002 年进行的一项研究发现，男性在观看色情视频时，脑的右半球更加活跃。然而，在性唤醒的过程中，男性与女性参与工作的脑区似乎少有重叠。

神经递质在性交行为中扮演的角色尚不清楚。性唤醒时，多巴胺的分泌会增加，不过，这时血清素的分泌也会增加，而它会降低人们的性唤醒度。就性取向而言，异性恋和同性恋男性具有相似水平的睾丸素，但是有一些证据显示，异性恋与同性恋男性下丘脑中有两个区域存在差别。

睾丸素：与支配地位密切相关的激素

由于睾丸素对人们的行为有重要的影响，因此它在心理学研究中受到了广泛的关注。例如，更高水平的睾丸素和社会地位、社会阶层以及社会优势都有关系。一些研究表明，犯人的睾丸素水平与他们犯罪时的残暴程度有关，而且女性犯人的睾丸素水平显著高于没有犯罪的女性。但是，有关更高水平的睾丸素和人们的攻击性行为究竟是否存在特定的关系，仍然存在争议。还有研究发现，当自己支持的球队输了比赛之后，男性的睾丸素水平会下降。

在一项研究中，研究者将5名男性单独留在船上生存。研究者发现，随着支配地位模式的形成，他们的睾丸素水平发生了变化：越是处于支配地位，男性的睾丸素水平就越高。另一项研究发现，自认为处于支配地位的女性睾丸素水平更高。也就是说，支配地位和睾丸素的水平密切相关。当你进入一个房间扫视人群时，睾丸素水平低的男性会显得犹豫不决，而睾丸素水平高的男性则更为直接。

有一项实验对比了睾丸素水平不同的人在处于支配或非支配地位时的表现。结果发现，当睾丸素水平低的男性处于支配地位时，他们的情绪更为激动，更多关注自己的地位而且表现不佳。同样的结果也在睾丸素水平高的男性中发现了，前提是这些睾丸素水平高的男性处于非支配地位。

此外，已婚男性的睾丸素水平偏低。也有研究表明，单身男性的睾丸素水平比处于异地恋和同居关系中的男性高，在女性中也发现了同样的现象。

也有证据显示睾丸素会影响人们的共情能力。在一项实验中，研究者给被试注射睾丸素，并要求他们与一系列情绪表情产生共情。实验发现，与没有注射过睾丸素的被试相比，注射过睾丸素的被试更少模仿这些表情。

心理药理学：药物对行为的影响

有些物质会对行为产生更加直接和强烈的影响，例如药物。医生开具的一些处方药可以缓解痛苦或疼痛，但它们会影响人的行为，比如使人意识增强或感到狂喜。药物作用于脑中相应的受体，可以通过口服、灌肠、使用减充血剂、吸入、注射或者通过浸入小片皮肤的方法摄入，其中注射是产生作用最快的方法。脑中的受体具有特异性，某类受体只对某种药物起反应。有多种因素会影响脑中受体对药物的反应，例如药物的剂量、之前的服药史、新陈代谢能力以及是否与酒精或其他药物一起服用等。那些能够对人的行为和意识产生重要影响的药物，大多要么是起到镇静的作用，要么就是起到激发的作用。

镇静剂是中枢神经抑制剂，用来缓解焦虑或者达到药物镇静或使人困倦的作用。使用镇静剂后，人的生理活动会减少，会感到昏昏欲睡且认知能力下降。最常见的镇静剂是酒精，也就是乙醇，它可以快速被血液吸收，从摄入酒精到血液中酒精浓度达到峰值只需要 30 ～ 90 分钟的时间。当血液中的酒精浓度达到 0.08% 时，人就是处于醉酒的状态。当然，醉酒的标准不是统一的，不同国家的标准不同，但通常是 0.05% ～ 0.08% 之间，因为当人血液内的酒精浓度达到这个程度时，交通事故的发生率是平时的 4 倍。

兴奋剂会刺激神经递质的活动。兴奋剂虽然没有医学价值，但却能产生极大的心理作用，可卡因就是一个典型的例子。在美国，有 200 万～ 300 万人是可卡因使用者，他们的年龄通常在 20 ～ 39 岁，多为男性且往往伴有酗酒的习惯。秘鲁和玻利维亚有一种名为古柯的树，树叶中含有生物碱，可卡因就提炼自此。可口可乐曾经含有可卡因，并在市场中大肆宣扬这一点。被贩卖的粉末状可卡因被称为盐酸古柯碱，也被称为“水晶”或“雪”。当可卡因被加热、提纯到只剩固体时，这被称为克勒克（crock 的音译），取这个名字是因为它在加热时会发出碎裂的声音。人在服用可卡因后会产生一系列症状，比如警觉、多动、瞳孔放大、健谈和极度狂喜，这些症状会持续大约 30 分钟，60 ～ 90 分钟后症状减轻，然后是持续数小时的焦虑。

咖啡因的影响没有可卡因那么明显。平均一杯咖啡含有 50 ～ 150 毫克咖啡因，小瓶的可乐含有 35 ～ 55 毫克咖啡因，而只有当摄入 10 克咖啡因或 100 杯咖啡时才会产生致命的后果。如果摄取的咖啡因达到 2 ～ 5 克，就会刺激脊髓，这显然不是什么好事。咖啡因能够被人体迅速吸收，它在人体内的半衰期是 3.5 ～ 5 个小时，对吸烟者来说半衰期更短，对儿童来说则更长。咖啡因会使人心跳加快、血管收缩，并且会刺激大脑皮质。它不仅会让人保持警惕和警觉，也会让人感到焦躁，影响人们运动时的表现，还会带来焦虑、失眠、情绪变化等不良反应。或许你可以在喝完几杯高浓度咖啡后试一下这个游戏：沿着起伏的电线线圈运动，并在不碰到线圈的情况下扔出圆环。试过之后，你就会知道咖啡因对你的行为有什么影响了。

尼古丁是香烟燃烧时释放的 4 000 种化合物中的一种，并不是致癌物。通常，一支香烟中含有 0.5 ～ 2 毫克的尼古丁。一旦被人体吸收，尼古丁就会迅速作用于脑。它能刺激脑干，这或许可以解释为什么人在第一次尝试吸烟时会感到恶心、想呕吐——因为负责这一行为的正是脑干。此外，尼古丁还可以减轻肌肉紧张、增加体重、升高血压、加快心跳。它可以作用在脑中的多种受体上，特别是乙酰胆碱受体。

进化心理学：为什么男女对伴侣的要求不同

要讨论行为生物学，不提到达尔文一定是不完整的。达尔文的进化论对科学的发展以及心理学在科学中的地位有重大的影响。根据达尔文的进化论，对于环境的变化，物种要么有效地适应要么无法适应，这被称为“适应”。经过自然选择，物种之间的差异会通过繁殖被遗传到下一代。这些差异与适应能力，即与其他物种竞争同样资源的能力，是物种进化的保证。

近年来，有些心理学家提出可以用进化机制来解释利他主义、外表吸引力、一夫一妻制或攻击没有血缘关系的人等行为，这个新领域被称为进化心理学，或者简称为 EP。从本质上来说，进化心理学是另一种有关进化的理论，即社会生物学的延伸。1975 年，爱德华·威尔逊（E. O. Wilson）在其著作《社会生物学：新的综合》(*Sociobiology: The New Synthesis*）中首次提到“社会生物学”这一概念，认为社会生物学是研究社会行为的生物基础的学科。

20 世纪 60 年代，遗传学家威廉·汉密尔顿（William Hamilton）提出社会生物学的信条是内含适应性，也就是说，自然选择青睐那些能够促使有机体基因得以传播的特性。这解释了为什么人们对家人比对陌生人更加无私，为什么关系越亲密就越有可能变得无私，因为这有助于保护和扩张种群的基因库。心理学研究已表明，这种关系不是持续不变的，而是由人们和家人情感上的亲密程度决定的。内含适应性最有力的证据是再婚家庭中人身侵害事件的数量：与初婚家庭相比，身体上的伤害和侵犯在再婚家庭中更为常见；与已婚的夫妇相比，谋杀在同居情侣中更为常见，且谋杀者通常是男性。

如果利他主义是用来扩张种群基因库的，那么为什么人们也会对非家庭成员的人做出无私的行为呢？简单来说，这是因为如果互相合作，作为同一物种的人们工作起来会更有成效。这也指出了人们最欣赏的同伴的特征——善良、可信赖、情绪稳定和聪慧，而这些特征和利他主义非常相近。

社会生物学家把人类看作“**适者生存最优者**”，但进化心理学家并不认同。唐纳德·巴斯（Donald Buss）是进化心理学最有名的支持者之一。他质疑说，如果我们都是适者生存最优者，那为什么男性不去精子银行排队捐献精子，为什么人们喜欢吃从长远来看对身体有害的高脂肪食物？

进化心理学家把人类看作**“适应执行者”**，认为人逐步进化出了处理特定任务的机制，无论是在寻找食物还是在寻找伴侣方面，并且不同任务涉及不同的机制。据说，西方国家的男性特别偏爱腰臀比较小的女性，也就是臀部与胯部相对于腰部更加丰满的女性。而人们通常认为，腰臀比反映了女性的生殖健康情况和潜力。但是，在秘鲁的马特斯根卡文化等文化中，人们接触不到西方媒体热衷于宣传的有关好或不好的身材的资讯，男性则更偏爱腰臀比较大的女性，比如非常丰满的女性。还有研究显示，当被问到腰臀比与健康的关系时，来自西方国家的人们认为腰臀比小的女性更健康，而来自非西方国家的人们则认为腰臀比大的女性更健康。此外，西方男性偏爱体重指数偏低的女性，即体重与身高的比较小的女性。当然，不止男性对女性外表有肤浅的见解，女性对男性的身材也有所偏爱——她们更喜欢上半身呈倒三角形的“胸大腰细”的男性。

男性和女性对伴侣的要求有所不同，这被认为有进化方面的原因。男性更喜欢身材窈窕的女性，女性则更加重视才智等非身材的特征。从进化的角度来解释，女性在怀孕的几个月中要履行对胎儿的责任和照料的义务，因此选择一个可以依靠和信赖的伴侣来分享做父母的责任是非常重要的。与女性不同，男性不需要直接履行身体上的责任，所以他们可以寻找很多伴侣。

不忠行为遍及全世界。据估计，有 20% ～ 50% 的已婚夫妇会在某种程度上对伴侣不忠。一项研究发现，84% 的本科生说自己曾经是某个已婚人士寻找外遇的目标。男性往往在伴侣肉体出轨后更容易嫉恨，女性则在伴侣精神出轨后更容易吃醋，也就是当男性伴侣对另一名女性产生深深的爱意但没有发生性行为时。伴侣越难以相处，情绪越容易波动且不稳定，他／她就越有可能被出轨。寻找外遇的已婚人士往往并不亲切友善，但他们有着极强的性欲，并且十分有性吸引力。

然而，女性并不总是选择最英俊、成功的男人。一项研究发现，如果向女性展示同样单身但职业不同的男性的交友广告，他们的照片分为好看、一般和难看三类，女性更偏爱的是有中等社会经济地位且好看的男性，而不是极其成功且好看的男性。针对这种现象，有一种解释认为，这是因为要得到后者需要挡开太多竞争者，而且由于所有女性都会喜欢这种男性，他们会得到更多的奉承和机会，所以也更有可能不忠。

对于心理学研究来说，理解行为的生物基础很重要。正是中枢神经系统的活动，使我们产生了几乎所有的简单和复杂行为。在下一章中，你可以看到心理学家是怎样研究两种看似简单实际上却十分复杂的行为的，也就是感觉和知觉。

要点总结

1. 有关脑功能的理论：

- **脑功能定位说：**脑的某一特定区域负责某种功能或行为；
- **脑功能偏侧化：**某种功能定位在脑的某一侧；

- **脑功能双侧化**：某种功能同时定位在脑的两个半球。

2. 认知神经科学工具：

- **脑损伤研究法**：心理学家使用的最具创伤性的研究技术，在动物试验中，研究者通常会破坏动物的某个脑区并研究破坏后的结果；
- **计算机断层扫描（CT）**：脑结构成像，利用 X 射线技术呈现脑结构的二维图像，然后测量穿过脑的 X 射线的辐射量；
- **磁共振成像（MRI）**：脑结构成像，通过扫描并探测脑中氢分子的共振现象来进行；
- **正电子发射断层扫描（PET）**：脑功能成像，具有创伤性，需要注入放射性物质；
- **功能性磁共振成像（fMRI）**：脑功能成像，是一种无创的研究技术，通过测量细胞的氧气消耗量来进行；
- **脑磁图（MEG）**：神经成像技术，测量神经元产生的磁场；
- **脑电图（EEG）**：神经成像技术，用放置在头皮上的电极测量脑的电活动；
- **重复经颅磁刺激（rTMS）**：通过暂时性、无损伤性地扰乱脑功能来进行。

3. 进化心理学：

- **适应**：根据达尔文的进化论，物种要么能有效适应环境的变化，要么无法适应环境的变化；
- **内含适应性**：威廉·汉密尔顿提出，指自然选择青睐那些能促使有机体基因得以传播的特性。

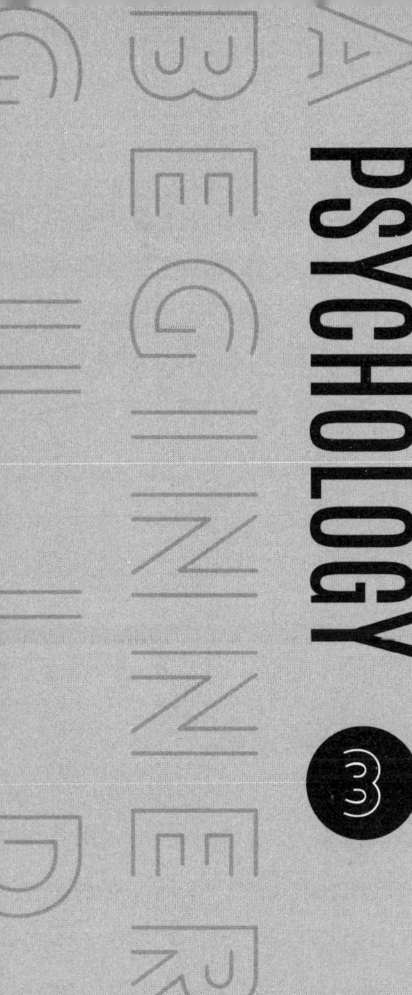

感觉与知觉

人为什么能区分不同的颜色和物体？

声音的哪种属性让人可以辨别出环境中的各种声音？

品尝美食时，味觉和嗅觉哪个更重要？

催眠如何帮人抵挡痛苦？

对于莫扎特的交响乐与50音分的噪声、翩翩起舞的蝴蝶与飞越头顶的飞机、爱人与陌生人的面孔、令人疼痛的击打与轻柔的爱抚，以及油腻的汉堡与烤焦干贝的气味，我们是如何区分的？

感知系统是人体最复杂的系统之一，它的每一部分都以其通常单调却偶尔具有挑战性的形式让我们感受世界。在感受世界的过程中，心理学家区分了两种现象，即感觉和知觉。**感觉**指的是对某种刺激单一属性的觉察，比如刺激的颜色、亮度、响度等；**知觉**指的是对包含运动、方位、背景等信息的刺激的整体性的觉察。因此，觉察到黄色是感觉，辨认出一根香蕉则是知觉；看到一个运动的物体是感觉，识别出这个物体是一辆汽车则是知觉。

我们都听说过人拥有5种感觉：视觉（看）、听觉（听）、味觉（尝）、嗅觉（闻）和躯体感觉（触摸或被触摸）。但实际上，人拥有的感觉种类并不限于这5种。拿躯体感觉来说，它包括对温暖、冰冷、身体伤害、震动、四肢的运动、肌肉收缩等的觉察。从某种意义上说，这些是不同的感觉。

通过感觉获得的信息会被特定的感觉器官接收，然后传递到脑的特定区域。感觉器官将外界信息转化为神经活动的过程被称为“传导”(transduction)。当我们捕捉到这些信息时，脑需要理解它们，并以某种方式对它们进行编码，其中一种编码的方式是对信息进行以神经系统结构为基础的结构性编码。例如，在挠眼睛时，你会刺激眼部的光感受器，并通过视神经向脑传递动作电位。由于脑并不知道这种刺激是被你挠眼睛的动作人为引起的，所以它会做出和被光刺激时一样的反应，进而你就会感觉眼冒金星或看到闪光。在接受手术时，如果患者特定的脑区受到电流刺激，他们就会产生尝到某种味道或听到某种声音的感觉，但事实上，他们并没有尝到或听到任何东西。这种编码只针对特定的感觉和对应每种感觉的刺激，例如，我们之所以能辨别触摸脸颊和轻敲膝盖之间的差异，就是因为有不同的神经纤维针对身体特定部位的刺激做出反应。

我们的身体还能觉察强度，并对其进行时间编码，因为轻触会引发神经元低频率放电，高强度的触摸则会引发神经元高频率放电。研究这种感觉和觉察的差异的学科被称为心理物理学(psychophysics)。

19 世纪，解剖学家恩斯特·韦伯(Ernst Weber)提出了一种叫作最小可觉差的测量方法。**最小可觉差**是指可以察觉到的感觉幅度的最小变化，比如当两个物体的重量最小相差多少时，你能辨别出一个比另一个更重。当然，当不同的感觉相互影响时，这种测量会变得非常复杂，也会变得更有趣。一项研究发现，一家美国工厂的工人抱怨他们搬运的黑色箱子太重，而当主管在周末将箱子的颜色改成浅色后，周一上班时工人们就会认为箱子比之前轻了很多。实际上，箱子的重量并没有发生变化。

还有人发现，一种感觉通道（如味觉）的刺激会引发另一种感觉通道的感觉（如触觉）。比如作曲家李斯特就曾声称，当听到特定的音符时，自己能看到某些色彩。这种现象被称为“联觉”（synaesthesia），可能与大脑中加工不同感觉的脑区之间特殊的沟通有关。

视觉：如何看到并区分不同的颜色

视觉是人最主要的感觉。如果你去询问他人生活中最不可或缺的感觉是什么，他们的回答通常就是视觉。让人毫不惊讶的是，人们往往认为可以不需要嗅觉。人的眼睛对光十分敏感。光有特定的波长，而且不同波长的可见光会发出不同的颜色，比如红色或蓝色。我们能够观察到的那部分光波被称作可见光谱，是整个电磁波谱中极小的一个区域。我们无法观察到紫外线辐射，但蜜蜂可以，所以一些花会释放特定的光波吸引蜜蜂。

眼睛被各种精密的器官保护着，比如眉毛、眼睑、睫毛、眼眶，甚至在看到快速接近物体时眨眼的动作也在保护着眼睛。眼睛的各个部分都有重要的功能。角膜是覆盖在眼睛前端的一层透明的硬膜，也就是巩膜的凸起部分，它是人体唯一透明的部分。虹膜负责调节射入眼睛的光线的多少，它由两块肌肉控制，而且这两块肌肉能够改变瞳孔的大小，使其能够在光线强烈的时候收缩，在光线微弱的时候扩张。

角膜后面的液体，即房水，主要负责维持角膜功能的正常运行。

若房水过多，就会引发青光眼。虹膜后面的晶状体负责将图像呈现在眼睛的背面。尽管我们看到的图像都是正常的，但实际上，眼睛中的图像是上下颠倒、左右相反的。虹膜还可以通过改变自己的形状来使人看到附近和远处的物体，这个过程被称为“适应”（accommodation）。如果眼球前后径太长，人会近视；如果太短，人则会远视。

眼睛背面的表层是视网膜，它含有超过 1.3 亿个能将光转换成神经活动的神经元，这些神经元（感光细胞）也被称为光感受器。眼睛的背面还有视盘，由于视盘没有光感受器，所以会使人形成盲点，图 3-1 就展示了这个现象。闭上左眼，用右眼去看图中的“X”，然后前后移动本书，让它靠近或远离你的视线。当本书移动到某个位置时，“Y”会因为落在了你的盲点上而消失。

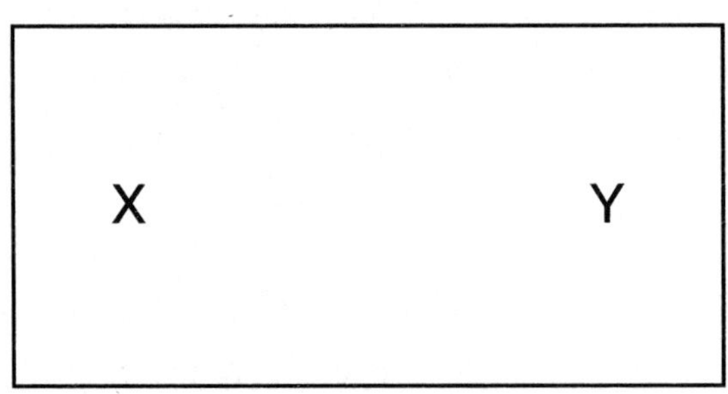

图 3-1　盲点的示例

视网膜上有两种光感受器，分别是视杆细胞和视锥细胞，前者有 1.25 亿个，后者有 600 万个，均因其形状而得名。视杆细胞能够在昏暗的环境下探测到光线，视锥细胞则负责在明亮的环境下运作，不过，这两者都会参与色觉的过程。视网膜背面有一小块区域叫作中央凹，它只含有视锥细胞，让人能够看到细节。

视觉的传导非常复杂，但从本质上来说，光感受器包含4类视色素，由维生素A和蛋白质这两种分子组成。当光线进入视觉感受器时，视色素会分解成两个分子，而这将引发一连串的化学反应，并最终将信号传递给大脑。视杆细胞上的视色素，即视紫红质，是粉色的。正是它让人在经历了明亮的阳光后无法快速适应室内的光线。当光线分解视色素时，视色素会失去它原有的颜色。人们最终之所以能够适应室内的光线，则是因为光感受器让两个分子重新结合了起来，这个过程被称为“暗适应”（dark adaptation）。

我们是如何区分黄色和红色的？人的眼睛中含有三种视锥细胞，每一种都含有不同的视色素，它们分别对特定的波长较为敏感，例如能够分解分子的特定波长的光。正因如此，我们才能辨别不同的颜色，比如，540 纳米波长的光表现为绿色。

不过，视觉系统的主要特征在于它是综合性的，能将各个功能结合起来，而不是像听觉系统那样将各个功能分解开来。当两个或多个不同波长的光线结合到一起时，我们会看到颜色混合后的样子。这不像混合颜料那样简单，比如混合蓝色和黄色的颜料会得到一种比黄色更深的绿色；而混合两种波长的光线则会产生更明亮的颜色，比如在白色的背景上放射红光和绿光会产生黄光。

1802 年，英国博物学家托马斯·杨（Thomas Young）提出了一种著名的色彩理论，即**三原色理论**。他认为，人的眼睛有三种感受色光的感受器，而大脑会将这三者传递的信息加以综合。这些感受器对蓝色、绿色和红色都很敏感。之后，这个理论被纳入了更加精细的理论中。我们知道，视锥细胞含有三种吸收光谱中特定波长的光的视色素，而这些特定波长分别对应蓝色－紫色波段、绿色波段和黄色－绿色波段，但是蓝色波段较少。同时，我们知道还有两种编码色觉的特定细胞，即神经节细胞，分别编码红/绿色和黄/蓝色。这些细胞也参与了视觉后像的形成过程。

有些人无法正常感知颜色，其中大多数是男性，这是因为产生视色素的基因位于男性的某一染色体上；有些人缺失了部分视色素，使用两种原色进行配色，他们被称为二色觉者；还有些人改变了三种颜色匹配的结果，他们被称为异常三色觉者。大约有 1% 的男性缺乏感知红色的感光色素，他们会把红色和橙色看成非常暗的颜色，这被称为红色盲；同样，如果感知绿色的视锥细胞充满了感知红色的感光色素，就是绿色盲；如果看到的世界是绿色和红色的，天空看起来是浅绿色的，那就是蓝色盲，不过，蓝色盲非常罕见。

发表在《自然》上的一项研究发现，在 2004 年奥运会上，身穿红色衣服的拳击、跆拳道、自由式摔跤和古典摔跤选手要比身穿蓝色衣服的选手获胜场次更多，同样的结果也发生在 2004 年的欧洲杯上。2007 年，发表在《实验心理学杂志：总论》（*Journal of Experimental Psychology: General*）上的一项研究表明，即便是短暂地暴露在红色的环境中，也会损害人们的认知表现。针对这种现象，有一种理论认为，红色与统治和侵略有关，大多数人会尽力避免它，因此当红色出现时，人们往往能在搏斗类的运动中取得成功，思维却会遭到削弱。

视知觉：如何识别不同的物体

在看东西的时候，我们通常不会仅仅对物体的个别特征进行知觉加工，而是会通过知觉加工把事物分为汽车、树木、人等，并且会注意到它们在哪里、是否在运动。想要识别物体的形式，很重要的一点是注意它的边界，但有时我们可以在一种刺激中看到不止一个物体。

我们还会对物体进行分组，从而理解看到的对象。我们会创造出一种“格式塔”，这个词来源于德语，意为“形式”。比如在图 3-2 中，我们能看到两个假想的三角形，这是“错觉轮廓”最著名的标准图例。这个例子说明了知觉整合过程的**封闭性**：人总是会给不完整的图形补充一些缺少的信息，使它成为一个完整的认知对象。知觉整合过程的另一个原则是**连续性**。比如在图 3-3 中，我们更倾向于想象这条线是连续的而非分叉的。

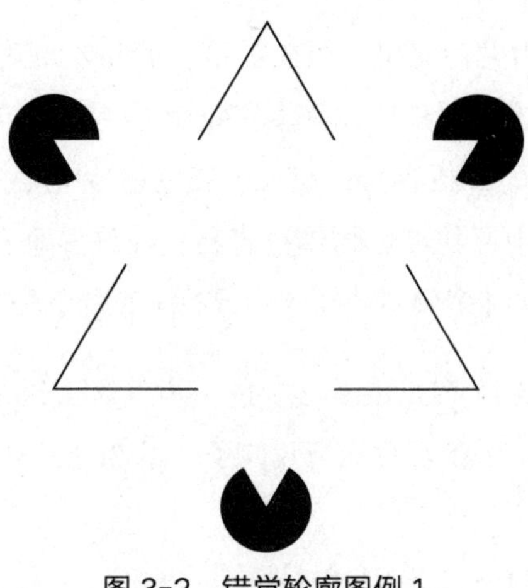

图 3-2　错觉轮廓图例 1

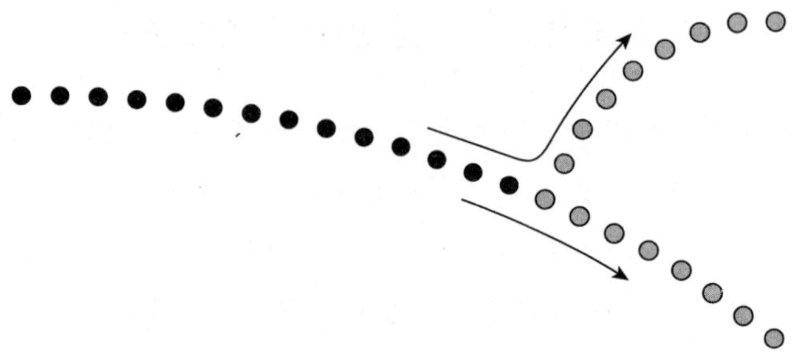

图 3-3 错觉轮廓图例 2

关于人为什么能识别出各种物体，有一种观点认为，人们通过经验形成一个物体看起来是什么样的模板。另一种观点则认为，如果这些物体有鲜明的特征，人们就能更好地识别熟悉的物体。想要了解这一点，不妨来做一做下面的练习：在图 3-4 的两列字母中找到字母 Z。

或许你很快就在图 3-4 左列中找到了字母 Z。这个实验是奈瑟尔（Neisser）在 1964 年设计的。在左列，字母 Z 和其他字母的共同特征非常少，因此显得尤为突出；而在右列，字母 Z 与其他字母较为相似，因此没有那么突出。同样，在许多字母 B 中寻找字母 A，要比在许多字母 A 中寻找字母 B 更容易；在许多红色物体中寻找橙色物体，要比在许多橙色物体中寻找红色物体更容易；在许多垂直的物体中寻找倾斜的物体，要比在许多倾斜的物体中寻找垂直的物体更容易。

心理学家比德曼（Biederman）进一步发展了这个观点，他认为人们对物体的识别，是以对被称为几何子[①]的 36 类不同形状的理解为基

① 指的是组成物体的一些基本形状或成分。——编者注

础的。有一些证据支持了这一观点，例如，当看到一些特定的特征，如尖角和关节时，我们可以从不完整的图像中识别出物体。不过，虽然在识别一本书或一个杯子时，这似乎是一个很合理的观点，但在理解人如何识别复杂的刺激，如一副熟悉的面孔时，它就不太具有说服力了。毕竟，我们不可能通过汇总、整合各种形状来辨认自己最好的朋友。

GDOROC	IVEMXW
COQUCD	XVIWME
DUCOQG	VEMIXW
GRUDQO	WEKMVI
OCDURQ	XIMVWE
DUCGRO	IVMWEX
ODUCQG	VWEMXI
CQOGRD	IMEWXV
DUZORQ	EXMZWI
UCGROD	IEMWVX
QCUDOG	EIVXWM
RQGUDO	WXEMIV
DRGOQC	MIWVXE
OQGDRU	IMEVXW
UGCODQ	IEMWVX
ODRUCQ	IMWVEX
UDQRGC	XWMVEI
ORGCUD	IWEVXM

图 3-4 找一找字母 Z

当把某个字母嵌入许多字母中时，相对于其他字母，人们能更快地找到这个嵌入的字母。

情境对于视知觉也很重要。看看图 3-5 中的几何子，你能识别出它们是什么吗？

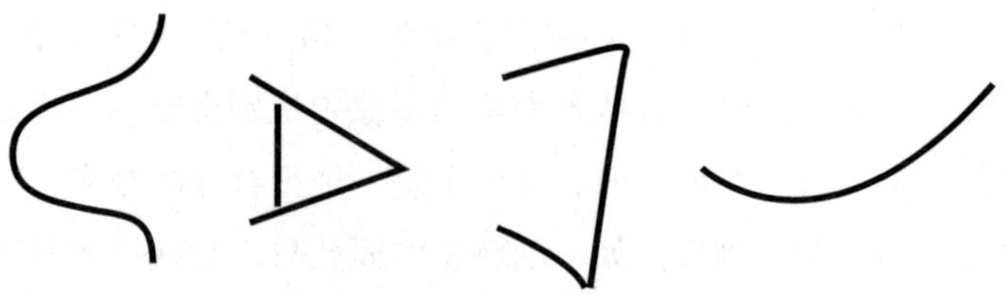

图 3-5　各种各样的几何子

现在，在具体的情境（见图 3-6）中再来看这些图形，它们是不是就变得有意义了？这是**自上而下的加工**的一个例子：整体的情境有助于加工知觉到的信息。相反的认知过程，即**自下而上的加工**，则是指利用个别特征来加工看到的信息。有时候，人们会同时使用这两种认知方式，如图 3-7 所示。

图 3-6　当几何子作为物体的一部分时

图 3-7　同时使用自上而下和自下而上的加工的例子

尽管图中有些字母模糊不清或排列不规则，但人们仍然可以辨认这些单词，或者至少可以假设它们是某个单词。

对人们来说，最重要的社会和个体视知觉加工或许是对面孔的识别。人们可以快速确定一张脸所传达的性别、年龄、肤色等方面的信息。男性拥有较大的鼻子、较突出的眉毛以及较凹陷的眼睛；女性则拥有较丰满的脸颊、较少的毛发、较小的鼻子、较大的眼睛以及较薄的上唇。辨别性别最好的面部线索是眼睛，其次是鼻子。相比于整幅的肖像图，一幅三分之一的肖像图更容易让人辨别出对方的性别。

面孔对人的吸引力与它的独特性无关。19 世纪，弗朗西斯·高尔顿提出，一张脸越平均[①]就越具有吸引力。然而，圣安德鲁斯大学的戴

① 平均脸指的是一个人的脸在多大程度上与大多数人相似。——编者注

维·佩雷特（David Perrett）及其同事进行了一项实验，他们使用计算机合成技术创建了具有不同吸引力程度的男性和女性面孔的照片，并将其分为非常有吸引力的、有吸引力的和平均脸。结果显示，有吸引力的照片比平均脸的照片更受欢迎。而且，有吸引力的面孔都具有较高的颧骨、较薄的颌骨和较大的眼睛，嘴与下巴之间的距离也较短。

还有一点也非常有趣，那就是人的面部趋向于不对称，即左脸和右脸有些许不同。如果给你的脸拍一张照片，用图片处理软件将左右脸做镜像处理，你就会发现你的脸出现了一些变化。一些进化心理学家认为，更加对称的脸与更好的健康状态以及更加成功的求偶策略密切相关。脸部越对称，他人就会认为你的吸引力越强、健康状态越好。当然，这一现象可以用一些生理因素来解释。同样，身体更加对称的舞者也会被认为更有吸引力、专业能力更强。不过，现在尚不清楚人们是更喜欢男性化的脸还是女性化的脸。有一些证据表明，在排卵期和睾丸素水平最高的时候，女性会喜欢更男性化的面孔以及较为强势的男性。或许这也反映了女性需要一个坚强、自信的伴侣。

有证据表明，脑中有一个区域专门用于识别面孔，也就是梭状回，或者称为面孔区。神经成像学的证据表明，当人们看到脸部时，这个区域会比看到其他刺激时更加活跃。梭状回附近的脑区可能是专门用于识别标志性建筑这一类刺激的。

脑中某些部位的损伤会使人产生不同寻常的认知障碍。例如，患有视觉失认症的人虽然能够画出一些物体的形状，却无法识别它们。关于这一点，有一个著名的案例。一个名叫 HJA 的患者能够画出建筑物的许多细节，却无法认出它们。患有盲视的人虽然视觉系统完好，但由于初级视觉皮质存在损伤，所以他们无法看到视野中的一部分内容。因此，如果向他们展示一个物体，他们会无法看到；而如果移动物体，他们就会感觉到有某个物体存在。还有些人患有一种被称为脸盲症的离奇病症，虽然他们能够识别面孔上的性别、种族等信息，但由于脑后部存在损伤，所以他们无法识别熟悉的面孔。这方面有一个有趣的案例。一个顾客在就餐的过程中感觉有个人一直盯着他，他感到非常烦躁，实在是受够了，于是叫来服务员并向他抱怨。可是，服务员听完后礼貌地告诉他，他一直在盯着镜子中的自己。

脑右后部受损，可能会使人无法注意到半个世界或一侧视野内的事物，而且通常是左侧视野。例如，如果让他们画一个时钟，他们要么会把 1 ～ 12 的所有数字都挤到右侧，要么就会只画到 6。意大利电影导演费德里科·费利尼（Federico Fellini）在中风后就患上了这种空间忽视症。

作为一个心理上的自我主义者，人们往往认为自己所知觉到的也会是别人所知觉到的。但真的是这样吗？显然，对于感知对象的经验是很重要的。心理学家简·德雷格沃斯基（Jan Deregowski）发现，当把儿童填色本中的一些图片给埃塞俄比亚曼因部落的人观看时，他们会去嗅和听这些页面，并检查纸张的质地，而不会去关注图片本身。在他们的文化中，这些图片非常陌生，他们只注意到了那些有本地动物的图片。

对生活在“木匠”文化中的人而言，他们眼中的建筑物是由坚硬、笔直的材料制成的，相比于生活在“非木匠”文化中的人，他们更容易受到著名的缪勒－莱耶错觉（Müller-Lyer illusion）的影响。如图 3-8 所示，在不考虑箭头的情况下，你觉得哪条线段更长？

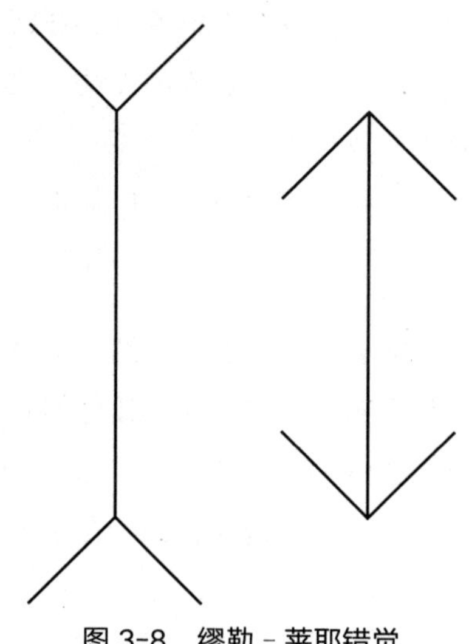

图 3-8 缪勒－莱耶错觉

大部分西方人，也就是身处“木匠”文化中的人会认为左边的线段更长，而实际上，这两条线段的长度是一样的。也有研究表明，西方人往往以更加分析性的、聚焦的眼光来知觉加工物体，东亚人则更加关注物体出现的背景。例如，东亚人通常以“整体性”的眼光对一个场景进行知觉加工。曾有一项实验，研究者要求来自美国和日本的被试描述水下的场景，结果发现，美国人更倾向于描述水中的物体，日本人则描述了比美国人多 6% 的有关背景的信息。

不过，当曾辨认过的物体出现在与之前不同的背景中时，美国人比日本人更能准确地识别出这个物体。之所以会出现这种现象，可能是因为不同文化造成的眼球活动的差异。例如，美国人倾向于关注具体的物体且能更快地注意到它们，日本人则将更多的视线，也就是眼睛的运动集中在背景上。

对颜色知觉与命名的研究已经广泛地出现在跨文化研究中。19 世纪中期，威廉·格拉德斯通（William Gladstone）指出，古希腊作品中没有关于“棕色”或“蓝色”的词语。一种观点认为，语言会影响人们对环境的知觉加工，也会影响人们的思维方式。这就是语言相对论假说，也被称为**沃尔夫假说**。这个假说与颜色的关联在于，不同的文化会赋予人们所看到的颜色以不同的名称，从而描述许多不同的明暗与色度。例如，因纽特语中有几十个形容“雪”的词语，当然，这有可能是杜撰的。

柏林（Berlin）和凯伊（Kay）这两位人类学家发现，在他们研究的文化中，有 11 个表示基本颜色的词汇。其中，如新几内亚的达尼文化等文化中只有两个描述基本颜色的词，分别是黑色和白色；俄罗斯文化中有两个词表达蓝色。当人们用语言去命名基本颜色时，命名的往往是黑色、红色和白色。在不同文化中，基本颜色往往是人们最熟悉的，进而才能更好地识别各种颜色。例如，当要求人们记住色卡的颜色名称时，如果把这些名称与基本颜色相联系，那么，即使是文化中只有两个基本颜色的达尼人也能快速记住色卡上的颜色。

另外，还存在超感知觉吗？答案是不存在。

听觉：声音的 3 种知觉属性

根据索尔福德大学一位声学工程学教授的调查，世界上最难听的三种声音分别是呕吐声、麦克风造成的回声以及婴儿的哭泣声。物体的振动会连带着周围的空气也发生振动。当振动的空气传达到人的耳朵时，鼓膜会发生弯曲；而当空气的振动消失后，空气就会被鼓膜推出——这就是声音或声波，以赫兹（Hz）为单位。通常，人可以察觉到频率在 30 ～ 20 000 赫兹之间的声音。

外耳部分被称为耳郭，也就是我们通常所说的耳朵，但要注意，它仅仅是耳朵的外部。耳郭有助于将声音传导至辛勤处理听觉工作的耳部组织：首先是鼓膜，它是一片薄膜，当声波到达时会向内或向外振动；其次是听小骨，它含有三块小骨头，负责将鼓膜产生的振动传达到内耳；最后是内耳，它处在一个被称为耳蜗的骨结构中，充满液体并含有听觉感受器官。耳蜗被含有听觉感受细胞的基底膜分为两个部分，基底膜是一个片状组织，其宽度和柔软度不同，因此不同频率的声音能使基底膜的不同部位产生振动。

声音有三种基本的知觉属性：响度、音调和音色。正是最后一种属性让人能够辨别出环境中各种各样的声音，因为它将音调和人对物体泛音[①]的知觉结合起来了。也正是这种属性让我们能够将乐队中不同的乐器区分开。

神经成像学研究表明，大脑的不同区域负责感知不同类型的声音，

---

① 指的是一种音色。发音体整体振动产生的最低的音是基音，以基音为标准，物体的各部分也有振动，这就是泛音。——编者注

如音调、非言语声音、言语以及无意义的言语。这些脑区参与声音的产生、感知以及人对声音的情感反应。例如，与未受损伤的人相比，颞叶特定区域受损的患者会认为不和谐的音乐更令人愉悦。听觉皮质的不同区域会对不同的声音有所反应。在一项实验中，研究者让被试听美剧《家族风云》（*Dallas*）主题曲的头 5 个音符，然后想象剩余的部分。研究者测量了被试头部的血液流动情况。结果发现，当被试在想象剩余的曲调时，他们右侧的听觉皮质以及运动区域的一部分被激活了。当然，这种激活也可能是因为人们想到了一些不可靠的情节线索或非常规的表演。要知道，在十大最难听的声音中，肥皂剧中的争吵声可是位列第七。

视觉和声音可以通过非常有意思的方式相互影响：请想象一个身材魁梧、一米八多的足球运动员在吸入氦气后的说话声。这种反差非常好笑，但实际上，许多相互影响的例子都是有很大的心理学意义的。例如，在一项实验中，一次闪光出现时伴随着几声“哔哔”声，但被试却说他们看到了多次闪烁，而不是一次。不过，当两次“哔”声之间的间隔延长后，这种幻觉就会变得越来越微弱。在另一项研究中，两个视觉刺激物交错来回，并且当它们擦肩而过时会发出声音。如果听到了声音，被试会认为这两个图像撞到了一起；如果没听到声音，被试则会认为这两个图像擦肩而过了。这就好像被试在进行填空：我们认为两个物体相互碰撞时会发出声音，于是大脑便简单地将它所期望的内容加工了出来。

嗅觉和味觉：品尝美食依赖什么

人之所以能享受食物，要依赖两种最重要的感觉，即嗅觉和味觉，但其中有一种更重要，你可能想不到是哪一种。人对食物大约 80% 的味道的感受要依赖嗅觉，位于喉咙后部以及鼻子上部的嗅觉感受器让人能够通过释放嗅觉分子来识别事物。人可以区分出数千种不同的气味，但却只有 5 种基本的味觉，分别是酸味、甜味、苦味、咸味和鲜味（味精的味道）。还有人建议把“金属味”也加入基本味觉的名单。顺带一提，有些教科书将舌头的特定部位对应为特定的味觉，但这其实是虚构的，舌头的每一个区域都可以感受到不同的味道。

人的味觉范围是有限的，这意味着食物只会把一部分味道传给味蕾。感冒时，人们通常可以感觉到食物的味道，但却无法辨别食物。人们有时会说自己尝不出任何味道，但实际上品尝味道的能力并没有受到损害，只是嗅觉感受器的功能受到了损害。让·安泰尔姆·布里亚－萨瓦兰（Jean-Anthelme Brillat-Savarin）在 1825 年出版的《厨房里的哲学家》（*The Physiology of Taste*）一书中写道：“当气味被拦截之后，味觉就会瘫痪。”对于味觉来说，这是一个很精辟的总结。

嗅觉和味觉被认为是化学性的感觉，因为嗅觉和味觉感受器捕捉的是环境中的分子。嗅觉感觉器位于鼻子内部的顶端，因为直接暴露于环境中而显得颇为不同寻常。此外，嗅觉感受器最不受人喜爱，似乎也有些可有可无，因此被称为感觉系统中的“灰姑娘”。然而，它在生活中的意义远比我们想象的更重要。我们需要通过它来享用食物，警惕各种烟雾、有害气体、腐坏的食物等危险，享受香水、情人的气息等能让生活变得更加惬意的气味。

早在数十年之前，就有人提出了一些观点，认为人会产生信息素，这是一种能引发特定反应的化学物质，并且通常与性有关。例如，母猪分泌的信息素，即雄酮，会让它们进行性交。由于真菌中含有这种类固醇，所以人们常常利用母猪来寻找松露。不过，几乎没有证据表明雄酮能够增加人对异性的吸引力。事实上，香水的效果或许会更好。一项研究表明，当女性在月经周期的晚期进行性幻想时，男性的古龙香水味能够唤起女性的性欲。

令人愉悦的气味能够增强或降低人的警惕性，提高文员的工作效率，促进利他行为，有利于编码和回忆事件。普鲁斯特效应就是一个典型的例子，这个效应的名字来自法国著名作家普鲁斯特在其自传式鸿篇巨制《追忆似水年华》中描述的一个情景：当闻到被浸泡在茶水中的玛德琳蛋糕的气味时，他立刻想起了一些与此相关的回忆。此外，愉悦的气味还能增强对疼痛的感知，不过，没有证据表明愉悦的气味能给健康带来长远的有益影响，能改变脑部活动，改善部分驾驶员的驾驶表现。

当然，香水不仅可能会带来性吸引力，也可能成为一个障碍。根据美国一项从 20 世纪 80 年代就开始的研究，穿戴正式且喷香水的女性往往更不受人欢迎，而且会被她们潜在的雇主评价为冷漠和颐指气使。相比之下，衣着休闲且喷香水的女性则较少受到负面评价。

味觉感受器位于舌头上，有三条颅神经负责将信息从这里传递到丘脑，然后到达大脑皮质。大脑中似乎有两个区域负责加工味觉，其中一个区域负责加工食物的感官品质，另一个则负责反馈食物的享受特性，也就是它带给人的主观愉悦度。例如，吃得太饱会降低食物带给人的主观愉悦度，导致食物的享受特性降低，但并不会降低食物的感官品质。

人的味觉和嗅觉具有可塑性。例如，如果给一个 6 个月大的婴儿喝糖水，一年之后再次测试，他就会更喜欢糖水；如果把糖水换成盐水，也会得到同样的结果。不过，人们识别或命名气味的能力很差，经常会将闻到的气味认错。一项跨文化的研究发现，当给人们闻维克斯达姆感冒药膏时，25% 的德国人认为自己闻到了食物的气味，25% 的日本人则认为自己闻到了墨汁的气味。

躯体感觉：疼痛对求生的驱动力

身体上的感觉，即躯体感觉，能让我们体验到温度、压力和疼痛。疼痛感被称为伤害性感受。人体最敏感的部位是嘴唇和指尖。有毒性的刺激能够引起至少两种类型的疼痛：一种是尖锐的或“鲜明的”疼痛，另一种是钝的、悸动式的疼痛。

尽管所有人都不喜欢疼痛，但我们却必须去经历和体验它们，因为疼痛是有机体求生的最大驱动力。身体正是在用这种方式告诉我们受到了伤害。如果迟迟感受不到疼痛，以致伤害无法得到及时处理，那么人可能根本无法存活下来。

不过，有研究表明，分心可以减轻疼痛。

意识状态：人是否有没有意识的时刻

注意：选择性注意和鸡尾酒会效应

意识本身是不存在的，它只是我们为有机体的状态所赋予的一个名称。老实说，长期以来，科学界一直对意识以及有关意识的研究采取敬而远之的态度，直到20世纪90年代，人们对这一主题的研究兴趣才高涨起来，丹尼尔·丹尼特（Daniel Dennett）[①]的《意识的解释》（*Consciousness Explained*）和弗朗西斯·克里克（Francis Crick）的《惊人的假说》（*The Astonishing Hypothesis*）是其中的代表作品。然而，“注意力”已经取代了“意识”，成为近年来心理学家惯用的概念。

显然，在感知客体时，有些东西人们会不得不忽略掉，有些东西则是大脑不会让人注意到，因为它根本无法应付那么多信息。例如，在读书的时候，人们一次只会读一个字或一个词语，而不会读整页的内容。当然，也有极少的人拥有照相式的记忆能力，可以一次性记住整页的内容。人们能够意识到正在读的词句周围的词、页面的留白、封面的轮廓，甚至是书本后方背景中的物体，但往往不对它们特别注意，除非实在是感到无聊。同样，在参加聚会时，人们会专注于自己的谈话对象，而不是现场所有的谈话。

在以上几个例子和很多其他例子中，人们都在进行选择性注意。有时人们是被迫进行选择性注意，比如当听到很大的噪声时；有时是被要求进行选择性注意，比如在飞机或轮船上听安全说明时；有时则是

① 丹尼尔·丹尼特的新书《直觉泵和其他思考方式》已由湛庐文化策划、浙江教育出版社出版。——编者注

因为任务的要求而进行选择性注意，比如开车时。第一个通过实验对选择性注意进行的研究是通过双耳分听任务进行的。研究者通过耳机向被试一侧的耳朵播放一些句子，同时另一侧的耳机播放外语声。在这样的状况下，研究者要求被试大声重复听到的句子。结果发现，即便不断有声音传进另一只耳朵，被试也没有受到影响，能够集中注意力聆听一侧耳机中的声音并重复听到的句子。

让我们回到之前的聚会场面，想象你正在与一个人投入地交谈。这时，尽管你的注意力放在正在进行的谈话上，但如果房间另一头有人提到你的名字，你还是立刻就能听到。这就是鸡尾酒会效应，在 20 世纪 50 年代被提出。不过，那些能够屏蔽无关信息的人，通常不太可能出现这种效应。

有害的噪声会削弱人们的注意力，导致分心。播放音乐可能会增强人们对手头任务的注意力，但是从隔壁传来的响亮、单调、震耳欲聋的歌声却会让人恼火不已。如果住在繁忙的机场附近，儿童会睡眠较少，在认知任务上的表现也会不佳。当然，现在最引人注目的例子是手机，甚至很多国家禁止司机在开车时使用手机。然而，这种禁令似乎给人们带来了一些误导。心理学研究表明，不仅使用手机会分散司机的注意力，与他人交谈也会如此，而且交谈对驾驶表现的损害比收听广播还要严重。这意味着，不仅噪音会影响司机的驾驶表现，与他人进行认知上的互动同样会使司机受到影响。

睡眠：猫头鹰型人与百灵鸟型人

睡眠通常被视为无意识状态，但实际上，它是一种可变化的意识状态。人会经历如下所列的多个睡眠阶段，每一阶段均以特定的心理生理特征来区分。这些特征可以通过脑电图和肌电图（EMG）来测量。

PSYCHOLOGY

阶段 1： 由清醒转向睡眠，肌肉依然活跃，眼球转动。

阶段 2： 睡意加深。

阶段 3： 慢波睡眠，因脑电图成像而得名。在这个阶段，那些在阶段 1 能唤醒人们的环境刺激不再对人产生影响。

阶段 4： 慢波睡眠，脑电图成像和阶段 1 相似，通常在开始睡眠后的 30 分钟内进入。在这个阶段，人的呼吸和心率变得不规律；肌肉放松，但手脚可能会抽动；人们可能会梦游或说梦话；儿童可能会出现遗尿或尿床的睡眠障碍。

在阶段 4，眼球会快速地上下左右来回运动，这是因为人正在做梦，已进入**快速眼动睡眠**模式。这个过程会持续 20 ～ 30 分钟，之后是长达 1 个小时的**慢波睡眠**。从这个意义上讲，睡眠以 90 分钟为周期进行循环，在快速眼动睡眠和慢波睡眠之间来回切换。此外，这个 90 分钟的周期循环也适用于许多其他行为，例如吃饭、喝水、抽烟、泌尿等，因此也被称作**基本休息 – 活动周期**。

如果人睡眠不足，往往会产生许多不好的结果。2001 年，英国林肯郡一名叫作加里·哈特的 37 岁建筑师将他的路虎车从 M62 高速公路开向了东海岸附近的火车通道，造成 10 人遇难，76 人受伤。而据他所说，在过去的 24 小时里，他只小睡了一会儿。

英国拉夫堡大学的吉姆·霍恩（Jim Horne）曾开展大量的研究，证明了缺乏睡眠对注意力的影响。大多数交通事故是在早上 4 ～ 6 点以及下午的中段时间发生的。缺乏睡眠的人会感到疲劳，甚至感觉车道在漂移，尤其是驾驶在四周景观单调的道路上时。2005 年，一项针对美国医学实习生的研究发现，如果医生经历了长时间、缺乏睡眠的轮班，他们发生医疗事故的风险会明显增加。霍恩的实验表明，摄入咖啡因、听广播以及打开车窗通风都不足以缓解疲劳，唯一有效的办法就是小憩一会儿。

缺乏睡眠并不会对人造成永久性的影响，人的身体活动等行为依然正常，而且如果可以的话，人们能够弥补失去的睡眠。但是，人的记忆力、注意力和认知能力会在短期内受到影响。大脑似乎需要通过慢波睡眠来进行休息和恢复。所以，如果人在慢波睡眠的状态下被叫醒，就会感到无力和迷糊。大脑有两个生物钟来控制睡眠，一个控制昼夜节律，每天改变一次，由位于下丘脑底部的视交叉上核负责；另一个则控制慢波睡眠和快速眼动睡眠。

围绕睡眠，人可以被分为夜型人和晨型人，即猫头鹰型人和百灵鸟型人。猫头鹰型人往往熬夜到很晚，起床较晚，并且在晚上能更好地执行某些类型的认知任务；百灵鸟型人则通常在早晨表现更好。此外，在智力和创造力测试中，猫头鹰型人的得分也高于百灵鸟型人，但猫头鹰型人的缺点是，他们的状态比较不稳定，社会和家庭关系也比较不和谐。

做梦：创造力的摇篮

披头士乐队成员之一的保罗·麦卡特尼（Paul McCartney）曾经做

过一个梦，他在梦中听到了一段旋律。醒来之后，他在钢琴上弹出了这段旋律。之后，这首曾被他称为“炒鸡蛋”的歌曲，也就是 *Yesterday*，成了历史上最具商业价值的歌曲。这首歌作曲的逸闻趣事证明了做梦对创造力和解决问题的重要性。法国数学家庞加莱（Poincaré）曾经有一个困扰了他几个月的定理，而他也正是在睡梦中找到了解决办法。

梦境几乎总是在快速眼动睡眠阶段产生。如果在这个阶段将人唤醒，他们就能回忆起做的梦，而且回忆起的梦会是一个故事。相反，如果在慢波睡眠阶段将人唤醒，他们回忆起的梦则会是一些情境而不是故事。

做梦表明人在睡眠中并不是无意识的。关于人为什么会做梦，弗洛伊德式的解释是围绕象征或压抑展开的。例如，如果女性梦到树干和火箭，那显然她在意识中想着某种特别的东西，但这些解释缺乏效力。有意思的是，人在把梦里的情节实际表演出来时产生的眼球运动，与做梦时的快速眼动睡眠阶段出现的眼球运动一致。不过，人在快速眼动睡眠阶段的无力感会使他们无法把梦中的情节在现实中表现出来。总而言之，我们不知道人为什么会做梦。

催眠：在心理上帮人抵御痛苦

催眠不同于睡眠，它在本质上是一种根据语言暗示而进行非自愿行动的过程。18 世纪，奥地利医生弗伦茨·安东·梅斯梅尔（Franz Anton Mesmer）开始对催眠术进行科学研究，因此，催眠术也被称为梅斯梅尔催眠术。一个人可以在放松或活跃的状态下被催眠，但在通常情况下，医生会先暗示人们放松或入睡，随后暗示他们握紧自己的手，告诉他们“你不能放开你的手”。

被催眠的人极易受到暗示，被催眠者在非催眠状态下将暗示内容表现出来的能力被称为**催眠感受性**。一种催眠理论认为，催眠反映了一种不同的意识状态，而人本身拥有的多种控制系统并不能同时处在意识状态，催眠正是通过这一特性来达到目的。另一种与之对立的理论则认为，催眠根本不能反映意识状态的变化，只是反映了更为普通的现象，比如服从、角色设定、从众以及人们的预期。暗示、从众、角色设定以及想要取悦催眠师的力量是无穷的。在一项研究中，被试声称无法看到数字 8，但当研究者告诉他们真正被催眠的人可以看到后，几乎所有被试都改口说自己能够看到了。但同一个研究人员询问一组进入催眠状态的被试是否可以听到“实验者”的声音时，他们都真诚地回答了“不”。

除了娱乐价值，催眠还具有一定的心理意义，因为它可以帮助人们抵挡痛苦。有些研究甚至声称它比吗啡和镇静剂更管用——分娩和牙齿钻孔带来的疼痛以及化疗引起的恶心感都可以通过催眠来缓解，但这只对容易被催眠的个体有用，并且需要一定的时间。此外，催眠还能改善学生在考试期间等压力较大时期的免疫系统功能。

很多人试图解释催眠是如何缓解疼痛的，但它的作用机制仍然是未知的。有些人认为，容易被催眠的人可以更有效地分配注意力。神经成像学研究表明，在被催眠期间，额叶和躯体感觉皮质的血流量有所增加。另外，催眠也可能具有安慰剂效应。一项研究发现，虽然催眠能够帮助人们停止咬指甲，但人们之所以会停止咬指甲，最重要的原因是他们认为催眠会起作用。

要点总结

1. **感觉**：对某种刺激单一属性的觉察，比如刺激的颜色、亮度、响度等。

2. **知觉**：对包含运动、方位、背景等信息的刺激整体性的觉察。

3. 心理物理学：指专门为了确定各种刺激的绝对阈值而进行研究的领域。

4. 最小可觉差：指可以察觉到的感觉幅度的最小变化，比如当两个物体的重量最小相差多少时，你能辨别出一个比另一个更重。

5. 视觉：人最主要的感觉，人眼能察觉到的那部分可见光被称为可见光谱。

6. 视知觉：
   - 封闭性：人们会给不完整的图形补充一些缺少的信息，使它成为一个完整的认知对象；
   - 连续性：人们更倾向于将一个事物想象成连续的。

7. **听觉**：声音有响度、音调和音色这三种基本属性，音色让人可以辨别出环境中各种各样的声音。

8. 嗅觉和味觉：人可以区分出数千种不同的气味，但只有 5 种基本的味觉，人对食物大约 80% 的味道的感受依赖于嗅觉。

9. 躯体感觉：让人能够体验到温度、压力和疼痛。

4 学习、记忆与遗忘

如何通过强化和惩罚来促进人的学习?

浅度学习和深度学习的区别是什么?

人对一个事件的记忆能持续多久?

患有失忆症的人真的不记得自己的名字吗?

学习：个体产生学习行为的 4 种方式

无论是语言交流、朋友交往、恋人相处还是工作，这些活动都具有一个共同的特点——它们都依赖于我们的学习。学习是指个体对经历的体验做出回应并改变自己行为的心理过程。心理学家已经阐明了个体产生学习行为的两种主要方式：经典条件作用和操作性条件作用。当然，除了这两种，我还会讲到另外两种方式。

经典条件作用与巴甫洛夫

人的大多数行为是通过经典条件作用的过程习得的。通过经典条件作用，人们对以前不会产生某种反应的刺激或事件产生了相应的行为反应。你可以想象这样一个场景：在一个从没见过充气气球的小孩面前给一个气球不断充气，直至气球由于过度充气而爆炸。随后，在这个小孩面前给另一个气球充气。当气球由于不断充气达到濒临破裂的大小时，小孩会表现出退缩反应，因为他记得刚刚因充气过多而爆炸的气球发出了令他害怕的巨大响声，他怀疑相同的事情会再次发生。这个小孩已经习得了之前的中性事件（一个过度充气的气球）和一个爆炸事件的关联。这个经典条件作用的行为是退缩反应。

经典条件作用的现象最初是科学家在无意中发现的。苏联生理学家伊万·巴甫洛夫在研究狗的腺体分泌和消化系统时，发现铃声和狗分泌唾液有明显的关联。简而言之，当巴甫洛夫给狗提供食物时，狗自然地就会产生唾液反应。随后，每次给狗提供食物之前，他都先敲铃或者让蜂鸣器发出声音。起初，铃声或蜂鸣器的响声的出现会让狗受到惊吓，但当给予食物的时候，它还是会分泌唾液。食物和铃声多次配对出现后，即使只有铃声响起，狗也开始分泌唾液了。这表明狗已经在之前两个不相关的刺激间建立起了关联。在经典条件作用的术语中，食物是**无条件刺激**，因为狗会自发地对食物的出现产生唾液分泌反应——这个唾液分泌的反应被称为**无条件反应**；铃声是**条件刺激**，狗对铃声产生的唾液分泌反应是**条件反应**。

正如巴甫洛夫的实验所发现的那样，此后的研究证实，为了形成对条件刺激的条件反应，条件刺激和随后的无条件刺激需要配对反复出现多次。而且，无条件刺激的强度以及无条件刺激和条件刺激出现的时间间隔都会影响经典条件作用建立的可能性。例如，条件刺激和无条件刺激出现的时间间隔越长，就越不容易建立经典条件作用。之后的研究还发现，当条件刺激不再引起条件反应时，已经形成的条件反应就会消退。因此，如果食物不总是伴随铃声出现，铃声引起狗唾液分泌的反应就会逐渐减少。此外，消退了的条件反应会表现出自发的恢复，这种现象在现实生活中很常见。一个新异的无条件刺激比一个熟悉的无条件刺激更容易建立起经典条件作用。

经典条件作用可以解释为什么人会害怕某些“中性”事物，也就是为什么会有恐惧症，也能解释为什么人会不喜欢甚至讨厌这些事物。20 世纪 60 年代的一项研究发现，如果被试受到电击时有其他人在场，那么，即使这些人没有参与电击被试，日后被试也会对他们产生敌意行为。相反，对于不在场的人，被试不会产生类似的敌意行为。

在心理学历史上，首次在实验室里对中性事物产生恐惧反应的人类被试叫小艾伯特（Little Albert）。当时，他还是一个只有 9 个月大的正常婴儿。这个著名的实验是由伟大的行为主义心理学家约翰·华生和助手罗莎莉·雷纳（Rosalie Rayner）实施的，实验成果发表于 1920 年。

在这项实验中，实验者让小艾伯特暴露于锤子敲打铁棒发出的巨大声音中，同时还会出现某个事物逐渐靠近他，比如一只玩具老鼠，目的是让他对这一中性刺激形成恐惧反应。在暴露于锤子敲打铁棒发出的巨大声音之前，小艾伯特通常会靠近那只老鼠并抱起它。但当锤子敲打铁棒发出的声音和老鼠多次配对出现后，即使老鼠单独出现，小艾伯特也会感到极大的痛苦。而且，他的这种恐惧反应还泛化到了其他事物上。例如，实验完成的 5 天后，他对圣诞老人面具也表现出了恐惧反应。

操作性条件作用与斯金纳

第二种学习类型是工具性学习或操作性条件作用。这种学习类型是由美国新行为主义学家 B. F. 斯金纳提出的。最初，斯金纳想要成为一名作家。作为一名心理学家，他确实写了一部很成功的小说——《瓦尔登湖第二》(*Walden Two*)。在书中，他把自己的发现和学习理论写成了小说。但事与愿违，斯金纳没有成为作家，而是成了 20 世纪最伟大的心理学家之一。

操作性条件作用是关于与环境相互作用的学习方式。如果人们做某件事情并且得到了奖励，那就会重复这种行为；如果行为只引起了相对不太有吸引力的结果，人们就会有意识地减少这种行为。奖励或惩罚都会强化某个行为，进而增加或减少该行为出现的可能性。

通过观察箱子里一只饥饿的猫的行为，20 世纪极具影响力的心理学家爱德华·桑代克（Edward Thorndike）首次证实了操作性条件作用。为了能够逃出箱子获得食物，这只猫需要学会抬起箱子的门闩。起初，猫被关进箱子里时会四处乱抓，乱撞乱叫。一旦它偶然习得抬起门闩可以逃出箱子，随后几次再把它放进箱子时，它就会去抬门闩，而不再四处乱抓和乱撞乱叫。正确的反应伴随着令人开心的结果，这样的现象被桑代克称为**效果律**。这种行为更像是通过试错来进行学习。

随后，斯金纳进一步发展了操作性条件作用。在这个过程中，他的工作也改变了 20 世纪 50 年代心理学研究的框架。斯金纳的系列经典实验工作都涉及一个操作箱——也就是所谓的“斯金纳箱”，一个可以对老鼠或鸽子的行为进行观察和影响的实验装置。这个箱子通常包含可以提供食物的杠杆装置、一些光源和一个扬声器。正是因为斯金纳的工作，心理学家才和老鼠扯上了关系。这一系列实验的核心问题是正强化、负强化和惩罚对行为的影响。

当人们对想获得的刺激的反应频率增加时，**正强化**就发生了。例如，你经常光顾那家有你喜欢的食物的餐厅。当人们为了避免或终止某个不喜欢或让自己感到痛苦的刺激而实施的行为频率增加时，**负强化**就发生了。例如，你的手在热锅上烫伤了，于是赶紧将手放进冰水里，这就是负强化的例子。

惩罚的作用与负强化正相反，它是减少对某个令人厌恶的刺激的反应。例如，你把手伸进关大猩猩的围场然后被咬了，这很可能让你再也不会做这样的事情。从短期效果来看，在驯化动物和让小孩学习方面，惩罚通常是有效的。但从长期效果来看，惩罚是有害的，它可能会造成身体上的伤害。例如，在斥责、惩罚小孩时，过度惩罚可能就相当于虐待，下一章里讲到的吉妮的案例就是一个很好的例子。同时，惩罚也可能会使人产生恐惧、憎恨、报复、反社会行为及其他消极情绪。例如，经常遭受家长身体暴力和语言暴力的孩子，他们虽然不会在家里出现暴力行为，但与同伴在一起的时候就可能会出现暴力行为。或许更重要的是，惩罚只是教会了人们要躲避什么刺激或事物，却没有教会人们应该采取什么措施来应对。也就是说，惩罚并不能教人如何做出更合适的反应，而仅仅是教人采取躲避的行为。

惩罚作用的一个重要变体可以用反应代价来说明。**反应代价**是指随着某一刺激的终止，另一相应反应的频率会降低。想象你正在约会，你感觉气氛很融洽，同伴也很享受你的陪伴，她会对你开的玩笑表现出极大的兴趣并开怀大笑。之后，你对她喜欢的乐队做了贬低性的评价，她的笑容立刻消失了。然后，你马上把话题转到不会引起争端的话题上。在这个例子中，她消失的笑容就是对你贬低性评价的惩罚。

我们也会通过消退来进行学习。**消退**指的是如果某种行为没有得到任何强化，相应的反应就会减少。一个简单的例子是，如果你敲门而门没有被打开，你就会停止敲门，因为强化物（某人来开门的行为）没有出现。

心理学家通常把强化和惩罚分为两种类型。**初级强化物**是指那些我们与生俱来就会对其做出反应的刺激，比如食物、水、舒适的温度、休息、缓解瘙痒。而极度的寒冷或炎热、划伤、撞击、刺痛、胃胀、缺氧等都是**初级惩罚物**。惩罚物并不需要被刻意使用，它可以是任何阻止反应发生的刺激。想象一下，当你处于一种很糟糕、不舒服的状态，一位身材苗条、喜欢运动又很热心的朋友告诉你，只要慢跑 40 分钟你就会觉得舒服很多，于是你跟他一起去了。然而跑了几分钟后，你的感觉并没有那么好，精疲力竭和肌肉酸痛让你得出结论：这件事情并不值得做。因此，运动可以被看作一种惩罚物，但我们可以通过评估运动带来的未来潜在收益来改变这种认知。

除此之外，还存在**次级强化物**和**次级惩罚物**。对小孩来说，10 元的纸币只是一张薄薄的纸片。同样，对一个渴望成为艺术家的小孩来说，一面洁白的墙就只是一种显而易见的绘画的诱惑。但是，通过将纸币与强化物（如食物、商品）配对，小孩就能学到纸币是有更重要意义的。同样，小孩也会学到一面洁白的墙立在那里是有原因的。这些就是所谓的次级强化物，当然，微笑、表扬和喜爱等也可以成为次级强化物。

有多种心理过程会影响强化，进而影响人们的行为表现方式，比如**行为塑造**。在斯金纳的实验中，有机体的行为可以通过依赖特定行为所带来的结果来塑造。例如，一只饥饿的鸽子因为脸部碰到了食物分配器的杠杆而获得了小食丸，或者当它靠近、接触到杠杆时就会得到小食丸，于是这只鸽子就习得了只有做出这样的行为才能获得食物。在现实生活中，人们可能会因为小孩画画的动机较弱，于是通过奖励来增强他的动机。而随着小孩年龄不断增长、心智逐渐成熟，就需要基于他的能力水平去奖励了。成功的独角喜剧演员会通过行为塑造来磨炼表演能力，他们会尝试不同的表演方式，舍弃表演中不成功的部分，也就是没有得到观众反应的部分，精心打磨表演中成功的部分，从而实现强化，也就是赢得观众的大笑和喜爱。

另一种行为塑造的方式是普雷马克原理（Permack principle），即高频行为的发生会强化低频行为。例如，家长会告诉小孩，如果他整理了自己的卧室（低频行为），就可以去骑自行车（高频行为）。

目前，所有操作性条件作用过程涉及的共同机制是，每个反应的出现都会伴随着强化，但人们通常不会对刺激马上做出反应。例如，在一段浪漫的交往中，如果你对同伴的每句珠玑妙语都做出爆笑的反应，那只会让你看起来像个傻子或疯子。所以，有时候间歇强化的效果会更好，用在上述例子中，你就不会看起来过度疯狂、过度热情或易于发笑。这种强化方式就是**比率强化**，即强化物只出现在一个固定的时间或一个固定的反应数目之后。例如，在斯金纳的实验里，灰鸽每按压 5 次或 10 次杠杆才能得到小食丸。

如果强化物一直在每 10 次按压后出现，灰鸽就会迅速习得只有在第 10 次按压后才能得到食物这一规律，所以按压 10 次之后它就会停歇一下，这就是**固定比率强化**。现实生活中，只有当员工完成工作或卖出既定数量的货品后，才能得到报酬，这也是对固定比率强化的应用。此外，还有一种类似的强化原则，与固定比率强化程序唯一的区别就是它具有不确定的强化比率，即强化物随机出现在 3 次或 30 次之后。这种程序叫作**变动比率强化**，将强化物的出现变得不可预测，老虎机就是利用了这种强化方式。训练其实也可以利用这一原则。例如，在训练初期，接受训练的飞行员每成功完成一次任务，就给予奖赏。但是随着飞行员经验和技巧的提升，只有当他们成功完成 4 次或 5 次任务以后，才给予赞赏。

如果强化物出现在一段固定的时间后，人们同样会做出反应。例如，薪酬通常是按周或按月发放，是遵循**固定间隔强化**程序，而不是按照制作或出售商品的数量发放。又例如，你或许每天都在固定的时间与身处异国他乡的爱人通话。于是，每当快到这个时间，你就会变得兴奋，时刻注视着手表或手机，确保自己已经准备好了，能够在铃声响起的第一时间接通电话。与比率强化程序类似，**间隔强化**程序中强化物出现的间隔时间也可以变化，即**变动间隔强化**。例如，在斯金纳的实验中，有时可以隔 30 秒分发给动物小食丸，有时又可以隔 90 秒分发给动物小食丸，等等。

当然，人是可以克服间隔强化的影响的。约翰·鲍德温（John D. Baldwin）和贾尼丝·鲍德温（Janice I. Baldwin）在《日常生活的行为原则》（*Behaviour Principles in Everyday Life*）一书中列举了康妮和葆拉两个女孩的故事。康妮爱乱发脾气，而且每次发脾气父母都会对她进行关注。相比之下，葆拉也爱乱发脾气，但她的父母只是对她这一行为进行不定期的关注。大概葆拉每发 6 次脾气，父母才会给予 1 次关注，也就是变动比率强化。进入学校以后，老师并不希望她们乱发脾气，并建议父母不要理睬她们乱发脾气的行为，即采用消退训练的方法。你觉得结果会如何呢？

第一天，康妮发脾气的次数有所增多，但几天后，她就不再乱发脾气了。与之相比，葆拉则用了两到三周的时间才达到同样的效果。这是为什么呢？因为过去葆拉乱发脾气的行为受到了父母间隔强化的影响，她大概每乱发 6 次脾气才会得到父母的 1 次关注，因此她需要更多的时间才能明白父母已经不再关注她乱发脾气的行为了。相反，康妮很快就能习得这一点，因为她并不是每次发脾气都能得到父母的关注了。第一天康妮乱发脾气的次数之所以会增加，可能是因为她想要通过发脾气得到父母更多的关注。

有时，人们只有在付出极大的努力做出反应时才会获得某些强化。例如，一个运动员需要在快接近终点时进行冲刺，商人需要在投标截止时冲进会议室，警察需要及时赶到犯罪现场，建筑工人需要使用速干水泥。有时，人们不需要在短期内付出极大的努力做出反应也能获得某些强化。例如，画家需要时间慢慢完成作品，外科医生需要精心地切除部分脑组织。

模仿和观察学习

除了经典条件作用和操作性条件作用，人们还可以通过其他方式学习，比如通过对其他人的行为方式进行**模仿**来学习。模仿的对象既可以是真实的，也可以是象征性的，例如模仿书中的图画、电影和电视中的人物。

人们可以通过观察的方式习得模仿对象的行为方式。例如，一项研究发现，如果父母怕狗，那么即使孩子没有直接经历过与狗有关的不悦体验，也会怕狗。儿童的口音是通过观察习得的，而且他们还经常通过观察家长、老师和同伴的行为来有意学习其他行为。当来到新的公司时，人们也会观察上级的穿着并模仿这种风格。此外，人们还会通过观察其他人受惩罚的行为来习得哪些行为不能做。

当然，人们有时也会暂时性地模仿别人。例如，假如与朋友约在咖啡厅聊天，你或许不渴，但如果朋友已经点了一杯咖啡，那么你也会点一杯与朋友共饮。当看到人们聚集在一个商店的窗户旁边时，你也会好奇地加入他们。

最后，来说一下**观察学习**。有一些证据显示，当职业拳击赛出现在美国的荧屏上之后，美国谋杀案的数量有所上升。而且，如果比赛中白人战败，被谋杀的白人的数量就会增加；同样，如果是黑人战败，被谋杀的黑人的数量就会增加。英国一项研究统计了英国连续 63 年的谋杀率，结果发现，在广泛宣传绞刑后，谋杀率有了一定程度的降低，当然，当时绞刑仍然是执行死刑的一种方式。不过，这种降低只持续了两周，之后就又回到了广泛宣传绞刑前的水平。

记忆：如何产生记忆并回忆事件

在电影《记忆碎片》（*Memento*）中，盖·皮尔斯（Guy Pearce）扮演的角色在头部受伤后，不得不把经历的重要信息都记录在自己身上。否则，他以后将再也无法回忆起来。即便是记在日记中，他也可能会忘记这件事以及日记放在哪儿。通过把重要的信息记录在身上，他能够适时地被提示，因为他可以通过镜子看到记录在身体上的信息。皮尔斯的角色基于心理学中一个著名个案研究案例：H. M.。在《记忆碎片》中，这个人物在脑部受伤后无法回忆起发生过的事情，而同样的命运也降临在了《海底总动员》中的多莉身上，她想不起别人的名字，也不记得自己要去哪儿。

在现实生活中，H. M. 为了消除癫痫症状进行了脑手术，医生切除了他颞叶的一部分，包括海马。这导致他患上了严重的**顺行性遗忘**，即失去了学习新知识的能力。这种病症与**逆行性遗忘**相反，即不能记起受伤前或手术前发生的事情。H. M. 说不出 1953 年后发生的任何事，而这正是他进行脑手术的时间，当时他只有 27 岁。不过，H. M. 手术前的记忆没有受到影响。他的短时记忆相对也没有受到损伤，并且能意识到自己的记忆出了问题。这一记忆障碍表明，脑的这块区域是形成新记忆的必要条件。

在涉及记忆丧失的问题时，电影通常会使用明显的艺术手段，结果就是科学性很可能会被有意忽视，不过，上述两个例子除外。例如，在电影中，记忆的丧失或失忆症通常是由于头部受到重击引起的，并且大多可以通过另一个人恢复记忆。但在现实生活中，记忆丧失通常是由神经外科手术或中风引起的。电影中展现的那种漫无目的地游走的神游状态、只模糊地记得自己是谁以及像《谍影重重 3》中展现的人物性情突然改变等情况，其实在失忆症病人中是很少见的。

失忆症是由脑损伤造成的最常见的疾病，常被人们用来装病以逃避职责。有些人假装有失忆症，通常是为了假装受伤而要求他人赔偿。

他们说想不起自己的名字、生日、家庭住址和社会保险号，因为他们认为失忆症患者就是这样的。事实上，失忆症患者能够很好地回忆起这些内容。

记忆的类型和加工

没有记忆，就不会有学习行为。没有记忆，人们就没有身份，没有过去，不知道自己是谁。记忆是一种心理过程而不是一个单一的事物，它有不同的类型和不同的加工过程。例如，人们能回忆起只呈现了几毫秒的视觉或声音材料，这就是**图像记忆**和**声音记忆**，也就是**感觉记忆**；人只能短暂但不能永久地回忆起材料，这被称为**短时记忆**（STM）；人们在做一件事情的时候还能回忆另一件事情，比如拨号时，你还能记得别人刚刚告诉你的电话号码，这被称为**工作记忆**；此外，人们还能回忆一段时间之前学习过的内容，这被称为**长时记忆**（LTM）。这些都是记忆的过程。来自心理学、神经成像和脑损伤的证据表明，这些记忆过程是有区别的。

然而，有些人认为短时记忆和长时记忆是没有区别的，认为它们是一个连续的统一体。但是短时记忆似乎是有限制的，它的容量有上限。为了说明这一点，你可以试着用10秒钟左右的时间阅读下面的数字，然后闭上眼睛背出它们，接着再睁开眼睛。

4、9、3、7、2、8、1

现在，重复以上步骤，背出下面的数字：

8、5、1、7、3、9、2、4、8、5、2、6

也许你可以很轻松地背出第一排数字，但要背出第二排就有些棘手了。这是因为短时记忆对于特定类型信息的容量是有限的，至多能够储存 7±2 个项目。短时记忆的材料进入长时记忆可能是复述的结果，复述的次数越多，记忆的材料就越有可能进入长时记忆，学习乘法表、一首歌或者一门语言都是如此。有时候，记忆依赖于不同类型的记忆间的相互作用。例如，如果有人要求你做“6×7”的乘法运算，感觉记忆让你听到这些词，长时记忆让你理解“×”以及“6”和“7”这两个数字的含义。但是，短时记忆会让你将这些信息时刻保留在“记忆中”，以便得出答案。这里有另外一个例子。在接下来的 5 秒钟内，记住下列单词：

cat、table、sexy、vegetables、car

现在，闭上眼睛，重复这些单词。一旦完成，请再次睁开眼睛，对下列单词重复上述步骤：

arp、prink、ozty、mitrablorin、olf

继续，最后一次：

cath、bwrdd、rhywiol、llysiau、modur

或许你能完全回忆起第一排的单词，但第二排就记得没有那么好了，第三排的一点儿都记不住，除非你是威尔士人，因为这些单词都是和第一排的英语单词同义的威尔士语单词。第一排的英语单词是储存在你的长时记忆中的。第二排是由伪词组成的，虽然语法正确，但实际上并不存在。或许你能记住其中一部分，因为你会用长时记忆中存在的一套规则去阅读它们，而它们符合这些规则。威尔士语的单词你或许就读不出来了，因为它们不在你的长时记忆里，除非你是威尔士人。

有多种心理过程参与记忆的产生（信息获取 / 编码）和回忆（信息提取 / 回忆和再认）。**提取**涉及自发回忆信息的过程。**再认**涉及从先前未见过的其他刺激中，自发地识别出先前见过的刺激。

记忆的内容分为几个特定的类型。人们能记住并回忆一些事实和数据，比如煮熟一个鸵鸟蛋要花多少时间（答案是 40 分钟）、人猿泰山的歌声是怎么做出来的（答案是用骆驼的叫声、土狼的嚎叫加上小提琴的高低弦音）、1973 年的英国首相是谁、肯尼亚的首都在哪儿，等等。这些都是**语义记忆**的例子。

此外，人们能够回忆起对自己有意义的事件或者经历过的一些事情，这是**自传式或情景式记忆**。人们还可以回忆起如何去做一些事情，比如骑自行车或弹钢琴，这是**程序记忆**。心理学家还将令人震惊的、栩栩如生的、令人激动的和对个人非常重要的公共事件的记忆单独分类出来。这些事件会促使人们想起自己当时在哪儿、在做什么等细节，这种类型的记忆叫作**闪光灯记忆**。众所周知，最早的闪光灯记忆的例子是有关约翰·肯尼迪遇刺案的。其他的例子还包括美国世贸中心遇袭、“挑战者号”航天飞机爆炸、戴安娜王妃之死和伦敦“七七”爆炸案。

心理学家也对人们并未有意识进行编码的事件的记忆（**内隐记忆**或无意识学习）和有意识进行编码的事件的记忆（**外显记忆**）做了区分。在一项著名的实验中，研究者在被试面前呈现由 6 个字母组成的单词，要求他们要么记一下这些单词，要么判断单词中是否包含某些字母。然后，要求被试尽可能多地回忆这些单词；或者是给被试呈现一个单词的前三个字母，要求被试说出立马想到的单词，即词干补笔任务。结果显示，记了这些单词的被试可以有意识地回忆起 40% 的单词，但判断单词中是否包含某些字母的被试的回忆率只有 5%。相比之下，不管被试记了这些单词，还是判断过单词中是否包含某些字母，在内隐条件下，即给出部分词干的条件下，被试都能写出大约 20% 的单词。

这个研究中的两个实验条件，即记忆单词与搜索字母，反映了加工水平的深浅，思考单词是深加工，而加工水平的不同会影响记忆提取。深加工涉及精细复述，比如对回忆材料进行自由联想、探究这些材料的意义。浅加工涉及保持性复述，比如一遍又一遍地重复单词，或者注意单词中的字母形状等表面细节。浅加工有益于短期内学习材料，但不利于长期学习。深加工可以源于浅加工，能使记忆材料从短时记忆转化为长时记忆。正是在长时记忆中，记忆的材料才得到了巩固。

当然，深加工和浅加工都仅仅是词汇，对概念的界定取决于作者。最好的理解方式是把它们理解成这两个词所传达含义的隐喻。当学生被分为浅度学习者和深度学习者时，前者只是努力记住实验的材料，而后者是尝试理解材料的意义。但在一项研究中，要求一组学生阅读一篇 1 400 字的有关瑞典大学课程改革的文章并用两句话进行总结，你也许可以猜到哪类学习者表现得更好。

另一个影响短时记忆的因素是记忆材料中项目的位置。例如，相比于中间的词语，人们更有可能回忆起长词表中开头和结尾部分的词语，这两种现象分别被称为**首因效应**和**近因效应**。对此的解释是：开头部分的词语进入了准长时记忆存储器，而结尾部分的词语仍然停留在短时记忆中，因为这些词语我们刚刚才听过。如果记忆材料的呈现和回忆有延迟，而且人们还在延迟期间去做了其他事，那么近因效应就消失了，这很可能是因为从事的其他事情阻碍了对词语的复述。但在编码和记忆提取之间让人从 20 开始倒数，并不会影响首因或近因效应。

研究还发现，在人们对 25 年前听过的歌剧、美国历任总统以及泊车的位置等的记忆中，也可以观察到首因和近因效应。2002 年进行的一项针对卫理公会派礼拜人群的研究中，研究者要求被试回忆赞美诗中诗句的位置。该研究发现了和在语义记忆中同样的首因和近因效应，被试能记住赞美诗开头和结尾的诗句的位置，但对中间部分诗句的位置感到很困惑。这是为什么呢？也许是因为开头和结尾的诗句在出现的时间上显得更有区分度。它们之间的距离越远，就越不可能混淆彼此，同样也不会把它们与中间部分的诗句混淆。

短时记忆有其局限性，正如我们在上述回忆数字的练习中所看到的。一方面，短时记忆有时间上的限制。一项著名的研究发现，如果你阻碍他人复述某事 15 ～ 18 秒，并让他们做其他事情，那么他们对事件的回忆率就会降为零。另一方面，短时记忆还有数量上的限制。短时记忆数量上的限制可以概括为乔治·米勒（George Miller）总结出的一句名言："神奇的数字是 7 ± 2。"这也是上面的练习中所展示的。当然，如果神奇的数字 7 ± 2 是短时记忆储存信息的最大容量，那么你可能根本就无法理解这句话，因为作者也没办法在电脑上敲出 9 个词以上的句子了。我们之所以能在短时记忆中存储更多的信息，是因为采用了“**组块**”的策略，即把材料按照意义单元进行组合。例如，阅读下面的句子，看哪一句你能够记得更清楚。

1. Probably Highway my wouldn’t it probably to name at you Charles think look me it is though.

2. My name is Charles Highway, though you probably wouldn’t think it to look at me.

因为第二个句子是按照语义规律编排的，所以我们可以更好地记住它。如果你记得这句话是马丁·艾米斯（Martin Amis）所写的《雷切尔文件》（*The Rachel Papers*）里的第一句话，那么你的语义记忆也非常棒。

我们已经知道，造成短时记忆中信息被遗忘的一种方式是干扰对短时记忆中信息的复述。短时记忆对信息的保持是短暂的，很快就会消失。短时记忆中的信息会消退，而复述意味着信息能停留得更久一些。短时记忆中的信息同样受到信息更新的影响。因为短时记忆有自身的局限，因此要么新材料被有意忽略，要么新材料会代替某些已经记住的材料。

回忆：对信息进行想象性的重建

当你阅读这页的文字时，这个过程是自发的。你不会仔细阅读每个字的一笔一画，在理解这些字的含义上也不会有任何困难。阅读材料表现出的自动化过程使人无须思考读到的每一个字，而这正是**斯特**

鲁普效应（Stroop effect）所阐述的道理。在研究该效应的实验中，“蓝色”“红色”“绿色”等表达颜色的词语会用与其含义不同颜色的墨水来书写，比如用红色的墨水书写“蓝色”这个词。实验者会要求被试说出书写词语的墨水的颜色。这个实验任务相当有难度，大多数人都会纠结，因为我们首先会对词语本身的含义做出反应，而不是对书写词语的墨水的颜色做出反应。

回忆似乎是一个对信息重新建构的过程。在真相最终被揭晓之前，你可能已经接触了一些小道消息。尽管这些消息不太准确，但也构成了真相的一部分。实际上，根本没有所谓的小道消息。每当有重大的突发性事件发生时，任何的 24 小时新闻都会对其进行播报，但随着时间的推移，很多早期报道的“事实”最后就变成了“非事实”。

能够体现回忆是对信息重新建构的例子中有一个极为著名，那就是 20 世纪 30 年代剑桥大学心理学家弗雷德里克·巴特利特（Frederick Bartlett）针对人们如何回忆《鬼魂的战争》（*The War of the Ghosts*）这个小故事而进行的研究。这是一个很不同寻常的故事，讲述了两个猎人在部落战争中被抓获的事情。巴特利特要求被试分别在刚刚读完故事后、24 小时后以及 8 天后回忆故事的细节。巴特利特发现，在每个情境下，人们都会进行“想象性的重建”，他们回忆的故事和原文存在差异。无论是在这项实验中，还是在其他的一些实验中，故事越不同寻常，人们就越会试图将回忆变得更连贯和易于理解，就好像是他们在通过自己的视角对记忆中的故事进行调整。

类似的过程在下面这个谜题中得到了阐释：一个货车司机在单行道上反向前进，但警察并没有制止他，这是为什么呢？思考这件事情时，关键在于常识告诉我们这个货车司机应该是在公路上驾驶，所以我们感到非常困惑。可是，这个谜题的谜底是，货车司机的出行方式是“步行”。我们主观认为他正开着货车，因为他被描述为“货车司机”。这个例子说明，记忆是有误导性的，正如下面的内容所阐述的，对信息的回忆极易受到干扰。

记忆是如何被扭曲的

1992 年 10 月 4 日，以色列航空一架飞机从阿姆斯特丹史基浦机场起飞后，突然有一个引擎爆炸脱落。机长想要返回机场，但由于不确定驾驶高度而撞上了一座 11 层高的大楼。这个事件被新闻媒体广泛报道，但都没有实时录像。10 个月后，一组研究者就该事故对 193 个人进行了询问。当被问到“是否看到了飞机撞击大楼”时，55% 的人回答看到了，还有 59% 的人回答飞机撞击大楼后立刻引起了大火。在随后的研究中，68% 的人说看到了此次撞击，67% 的人说看到飞机水平地撞向大楼。而事实上，飞机是垂直撞向大楼的。

许多类似的研究都说明了记忆是如何被扭曲，以及人们是如何声称自己记得一些根本没经历过的事情的。例如，请仔细阅读以下的句子，然后确认它们曾经在哪里出现过：

◎“这太小儿科了，亲爱的华生！”

◎“把我送上飞船，史考特。”

◎“你这个卑鄙小人。”

◎“呆头鹅。”

你或许会觉得答案显而易见——出自《大侦探福尔摩斯》《星际迷航》等。但事实上，这些句子根本就没有出现过。

20 世纪 70 年代，伊丽莎白·洛夫特斯（Elizabeth Loftus）进行了一系列现在众所周知且极具开拓性的实验。她发现，在针对同一个事件提问时，即使是用词有所不同，也会改变人们对事件的记忆。例如，假设人们看到了两辆汽车相撞，并且被询问汽车相撞时行驶速度是多少。提问时，你可能会使用“相撞”“撞上”“碰撞”“猛撞”等词汇，而使用的词语越夸张，汽车的行驶速度就会被人们估计得越大。甚至，即使是“那个”“一个”这样的冠词也能曲解人们对事件的记忆。例如，在看过一个汽车碰撞的视频后，洛夫特斯问人们是否看到了“一个损坏的汽车前照灯”或“那个损坏的汽车前照灯”。当使用“那个损坏的汽车前照灯”时，说看到了的人是使用“一个损坏的汽车前照灯”时的两倍。实际上，视频中并没有车辆有前照灯损坏。

当故意指责一个人按错了计算机按键时，如果在实验现场的实验助手声称看到他按错了按键，就会有一部分被试也会说这个人确实按错了按键。还有研究发现，如果实验助手说在场景中看到了某个其实并不存在的物体，天真的被试也会说记得在场景中看到过这个物体。

洛夫特斯和其他研究者的研究对目击者证词的可靠性和证人的辨认提出了疑问。1999 年，在虚假记忆研究领域两个经验最丰富的学者发表了一篇综述性文章，提出证人的错误辨认是陪审团裁定无辜的人“有罪”最常见的原因。仅仅在 1996 年的美国，就有 28 个人因为目击者的证词被错误地判为有罪。

颇有争议的是，针对被压抑的记忆或恢复记忆而进行的研究表明，以上这种说法几乎是没有依据的。恢复记忆指的是，通过催眠或心理治疗的方法，把人压抑的童年时期被父亲虐待的记忆恢复出来。在一项针对 930 起真实的性侵案例进行的研究中，54% 的人说自己在 18 岁之前被以某种方式性侵，只有 4.5% 的人说被父亲或继父性侵。这个百分比与记忆恢复研究中父母虐待子女事件的百分比明显相反。人们越是想象自己的童年的经历，就越相信这样的事情曾经发生过。也许这就是这些人在恢复记忆后非常相信这类事件发生过的一个原因吧。

一项针对 1 300 名美国注册心理治疗师、300 名有博士学位的临床医生和 300 名拿到英国执照的临床心理学家的调查显示，94% 的受访者认为来医院和心理治疗室的来访者可能会产生虚假记忆。有趣的是，大部分受访者都很自信地认为自己能辨别来访者的错误回忆。

研究表明，那些说自己恢复了遭受虐待的记忆的女性，更有可能表现出错误识别，也就是说错误地认为刺激曾经出现过。例如，向被试呈现一系列与甜相关的词语，然后要求他们在一系列与甜相关或不相关的词语中识别出之前呈现过的词。那些报告恢复了受虐待记忆的女性会更有可能错误地把之前没看到过的词识别为看到过的。她们不是编码出了特殊的信息，而是对信息的一般规则进行了编码。这表明，这些女性比其他人更容易形成错误记忆。

对一些类型的记忆材料来说，如果编码材料时的环境和提取材料时的环境相同，就更容易将它们提取出来。20 世纪 70 年代是一个不寻常的年代，当时有研究者进行了一项研究，要求有经验的潜水者分别在水中和陆地上记住一系列单词，然后分别在相同和不同的环境中回忆它们。结果发现，如果编码和提取材料时的环境相同，那么不论是在陆地上还是在水里，被试都能回忆起更多的单词。这就是所谓的**状态 / 环境依存型记忆**，而且这个概念中的“状态”与人们的心情相关。因此，如果你是在愉快的心情下编码的记忆材料，那么在愉快的心情下你也能回忆得更多，并且可能会更多地回忆起与愉快相关的词语，反之亦然。

遗忘：艾宾浩斯等人的记忆研究

人对一个事件的记忆能持续多久呢？1895 年，记忆研究的先驱者之一赫尔曼·艾宾浩斯（Hermann Ebbinghaus）研究了这个问题。在研究的一开始，他学习了一些无意义的音节，比如 dax。短时间内，他能立刻回忆起许多音节，但在 31 天后，他只能记住一部分，忘记了大部分。在近些年的一项研究中，研究者要求已经毕业 25 年的人尽可能多地回忆同班同学的信息。结果发现，无论是自由回忆同学的名字，还是看照片说出同学的名字，人们的回忆成功率都随着时间的变长而下降，即毕业时间越久，回忆成功率越低。这个结果与艾宾浩斯的实验结果一致。相比于说出同学的名字，根据面部识别出是不是自己的同学以及将名字与面孔匹配的回忆率更好，有 90% 的人回答正确，但前提是要在毕业 15 年之内，如果毕业超过 15 年，正确率就会下降。

研究者还研究了学生第二语言的学习情况。他们发现，对西班牙语的保持记忆率在第一个 6 年内会下降，在 35 年后逐渐稳定，此后又有所下降。这种学习材料的保持时间代表“长期储存”，它不受遗忘影响。相似地，针对学生对认知心理学课程学习内容的记忆保持的研究发现，认知心理学课程知识的保持记忆率在最初的 36 个月内表现为下降趋势，但之后逐渐稳定。

在以上所有例子中，记忆材料的重新提取代表着识记向理解转换：内容不仅是被重新回忆，还被人们理解了。

影响长时记忆的一个重要因素是**干扰**。刚刚接触到的信息会影响你回忆过去知道的信息，这叫作**倒摄干扰**，比如给你一个新的手机号码会影响你对旧号码的回忆。相反，你过去知道的信息也会干扰你对刚刚获得的信息的记忆，比如你可能会把老房子的门牌号当成新房子的，可能会对现任爱人叫出前任爱人的名字，这叫作**前摄干扰**。对于小说等有意义的材料的记忆不易受其他信息干扰。但有一项研究发现，相对于中性电视节目中的广告，人们对含有色情或暴力的电视节目中嵌入的广告的记忆更差。

正如前面讲过的，海马是一个特别小的脑结构，是表征记忆信息的关键脑区。20 世纪 90 年代晚期有一项研究，研究者让 11 位伦敦出租车司机想象车辆在市中心两个点之间行驶的最短路线，同时观察他们海马的活动。结果发现，当司机这样想象时，他们右侧的海马特别活跃。当他们识别地标或回忆著名电影的片段时，海马就没有活动了。虽然其他研究表明，脑活动不仅出现在这个脑区，但海马似乎对人们的空间导航能力非常重要。一项针对一位经验丰富但海马受损的出租车司机的研究发现，他可以在虚拟伦敦的环境中定位自己，也能定位地标或估计两个点之间的距离，但他很难在非主干线的道路上行驶。这说明，海马对理解详细、复杂的空间关系是不可或缺的。

20 世纪 80 年代，人们用小白鼠开展了一系列实验研究，也正是这些研究证实了海马对空间导航的重要性。研究者训练小白鼠在集水箱中寻找一个平台，因为水箱中装有乳白色的液体，所以它们看不到平台。最终，它们在不断试错中找到了平台。接着，研究者给部分小白鼠做了海马切除术，部分做了皮质切除手术，还有一部分没有做手术。结果发现，那些海马受损的小白鼠只有在非常偶然的情况下才能找到平台，其他两组小白鼠找到平台则相对更容易。此外，“滞留时间”也减少了：当平台被移动后，相对于其他两组小白鼠来说，海马受损的小白鼠在原来平台所在的地方待的时间更少。

除了海马，脑中的其他区域也参与记忆加工。前额叶的不同区域共同负责工作记忆的加工过程：有些区域在维持记忆材料的过程中更活跃，有些区域则在对记忆材料进行操作时更活跃。也有一些证据表明，左侧前额叶负责记忆材料的编码，右侧前额叶更多地参与记忆提取，而自传体记忆的编码和前额叶以及颞叶的活动有关。此外，在对学习过的词汇进行成功编码的过程中，可以看到更强的脑电图活动。因此，脑电图活动可以用来预测人们能成功回忆起哪些词。

有时，脑也会表现出记忆功能失调。例如，一些研究表明，阿尔茨海默病患者脑中沉积的蛋白，导致他们失去记忆、性情改变以及脑中大面积的皮质萎缩，特别是额叶、颞叶、海马和杏仁核。阿尔茨海默病患者无法回忆起之前学过的内容，也无法从长时记忆中提取与自己有关的自传体信息。他们忘得快、注意力差、工作记忆有障碍，并且不受首因效应影响，但会受近因效应影响。在翻阅完爱尔兰作家达姆·艾丽斯·默多克（Dame Iris Murdoch）的最后一本书后，拜厄特（A. S. Byatt）总结说，这本书“就像印度的‘通天绳’魔术……那些人失去了自我，因此也没有故事”。没过多久，默多克就去世了，而人们发现他患有阿尔茨海默病。拿他最后一本小说与最成功的一本小说中的词语做比较，最后一本小说几乎已经词穷，书中使用的高频词语也变得太普遍了。

阿尔茨海默病是最常见的一种痴呆症，占所有痴呆症案例的 50%。据估计，在 65 岁以上的人中，有 5% ～ 10% 的人患有阿尔茨海默病。一项有关百岁老人的研究表明，阿尔茨海默病的发病率是 100%，但也有一些研究表明有的百岁老人可能不受影响。全世界约有 2 300 万人患有痴呆症，而且预计每 20 年被诊断为患有痴呆症的人数就会翻一倍。尽管痴呆症有家族史，但病因现在还不清楚。不过，21 号染色体以及载脂蛋白中的 E4 基因是造成痴呆症和认知障碍的高危因素。

要点总结

1. **学习：**指个体对经历的体验做出回应并改变自己行为的心理过程。个体产生学习行为的两种主要方式分别是经典条件作用和操作性条件作用。
2. **经典条件作用：**人的大多数行为是通过这一过程习得的。通过经典条件作用，人们对以前不会产生某种反应的刺激或事件产生了相应的行为反应。

3. 操作性条件作用：涉及与环境的相互作用。如果做某件事并得到了奖励，人们就会重复这个行为；如果某种行为只是引起了不太有吸引力的结果，人们就会有意识地减少这一行为。

4. 记忆：指的是一种心理过程，有不同的类型和不同的加工过程。
   - 感觉记忆：能回忆起只呈现了几毫秒的视觉或声音等材料；
   - 短时记忆（STM）：只能短暂地记起，却不能永久回忆起材料；
   - 工作记忆：在做一件事情的时候还能回忆另一件事情；
   - 长时记忆（LTM）：能回忆起的一段时间以前学习过的内容。

5. 内隐记忆和外显记忆：内隐记忆指的是人们对未曾有意识进行编码的事件的记忆，外显记忆则是指人们对有意进行编码的事件的记忆。

6. 回忆：指的是信息提取和再认。信息提取是自发回忆信息的过程，再认则是从之前未见过的其他刺激中自发识别出之前见过的刺激。

5 语言与沟通

什么年纪是学习语言的最好时期?

人类进化出的最早的交流系统是什么?

让孩子学习词汇最有效的方法是什么?

非人类灵长类动物能够学会语言吗?

语言：最成功的交流媒介

无论是咯咯轻笑或微笑，还是《芬尼根的守灵夜》（*Finnegan's Wake*）这样的小说或《BJ 单身日记》这样的电影，我们都尽力尝试用不同的方式相互沟通。语言是人类最成功的交流媒介。世界上大约有 6 000 种语言，其中使用人数最多的是汉语，其次是英语、印度语 / 乌尔都语[①]、西班牙语和阿拉伯语。但是，如何定义一种语言呢？定义语言很困难，有一种方式是把语言定义为对语言使用者和接受者有意义的视觉和语音符号系统。对这些符号、符号使用的规则以及某种语言的结构及其运用之间的关系的研究，被称为心理语言学。

语言的感知、产出和理解

大约 25 万年前，人类进化出了第二种交流系统：言语。第一种交流系统很可能是手势。言语产生于连续不断的声音中，比书写更加丰

① 印度语是北印度的一种书面语言，乌尔都语是巴基斯坦的官方书面语言。——编者注

富：人在说话时，句末语气或扬或抑；人们可以强调某些词语，大声喊出或轻声耳语；人们在说话时富有情感，也能依据情境做出停顿，当然，这在写作中也适用。正如前面所说的，初级听觉皮质使人能够完成这一切。初级听觉皮质的作用就是让人能够理解单词的音素。音素是言语的组成部分，不同于构成单词的字母。例如，ship 这个单词有 4 个字母，但是只有 3 个音素："sh" + "i" + "p"。

我们把单词识别为音素组。例如，在一项研究中，电脑合成出介于"g"和"k"之间的音。如果接下来的音是"iss"，人们会听到 kiss 这个单词；如果接下来的音是"ift"，人们听到的单词则会是 gift。言语也依赖背景：如果要求人们识别从一段对话中提取出的单个单词，他们识别单词含义的正确率只有 47%。这是因为对话中包含着许多不标准的发音、模糊的声音以及停顿。如果将单词放在对话背景中，人们就能正确识别它们了。

所有语言都有句法或语法，即一系列指导人们如何构建句子的规则。就像学习语言的大部分内容一样，我们是通过内隐和自动的方式学习句法规则的。其中一些规则支配以下这些语言特征：

PSYCHOLOGY

词序：与世界上 75% 的语言一样，英语的基本语法句型倾向于遵循主语 + 谓语 + 宾语的顺序，比如"男孩踢球"；在日语中，顺序则是主语 + 宾语 + 谓语；在威尔士语和阿拉伯语中，顺序为谓语 + 主语 + 宾语。

词类：具有指定含义的词被称为实词，比如"色情的""炊具""活泼地""橡皮"等。如"一个""然后""但是""当""和"等用于支持实词使用的词则被称为虚词。

> **词缀：**给某些单词增加的后缀会改变它们在句子中的作用，例如在单词结尾加“ly”“ed”“ive”。在要求人们从人造语言中回忆句子的实验中，有以上词缀的句子更容易被回忆。
>
> **语义：**指通过句子得到的含义。当句子出现歧义时，语义显得尤为重要。例如，trainer 的意思是运动鞋或健身教练，而在句子“Having changed in the gym, Bill realised he had lost his trainer.”中，比尔究竟是弄丢了自己的鞋，还是失去了他的健身教练呢？

所有词语都储存在**隐喻词库**中。隐喻词库可以被看作心理词典，人们可以通过听觉刺激检索这个词典——要么通过听到言语，要么通过阅读文字。当词语表征被激活后，脑的另一个区域会完成赋予其含义的任务。

著名语言学家诺姆·乔姆斯基（Noam Chomsky）认为，人们用不止一种语义方式去听或读句子。他提出了三种语法，其中第一种语法反映人们在生成自己的观点或想法时运用的语法规则，从而产生最终想要的语法形式，即**生成语法**。这些观点或想法代表着句子的深层结构，而最终句子的生成则是表层文法，例如言语。脑能够解码内在的观点或想法，并以浅层次的方式产出句子。

似乎所有语言都有一些共同的特点。比如说，第一，词语和它指代的事物之间并没有真实的联系。例如“狗”这个词，在英语中是 dog，法语中是 chien，德语中是 hund，这些指代“狗”的词与生活中那种四足、常常狂吠的动物并没有真正意义上的联系；第二，语言的习得需要通过文化的浸染；第三，人类可以感知并创造语言。但很显然，不同语言之间各有不同。有趣的是，一项研究发现，言语与手势相结合能够使人更好地理解对话。另一项研究则发现，如果对话接收者看不到说话人的手和脸，那么说话人反而会增加更多带有含义的手势。

语言的习得

出人意料的是，婴儿就能够学习语言的某些方面。例如，婴儿在出生前就能区分特定类型的声音，胎儿在母体内能听到不太清晰的声音。许多研究显示，婴儿对在子宫里就接触过的刺激反应更为积极。一项研究表明，相比于听新的故事，婴儿更乐意听那些他们在母体内就听过的故事。婴儿的听觉系统已经发育完全了，但由于他们不能说话，心理学家便设计出了多种能够探测婴儿对声音刺激变化的关注的研究方法。其中一种方法是观察他们的吮吸反应，即婴儿在听到新的刺激后会更频繁地吮吸人造奶头或毛毯。通过这种研究技术，心理学家发现，即使是 1 ～ 2 个月大的婴儿也能辨别“p”和“b”声音的不同。

一般来说，婴儿对言语的反应以及婴儿自身言语的发展是有章可循的。例如，新生儿会受到新噪声的惊吓，并会转向噪声的方向。在婴儿 1 ～ 2 个月大的时候，如果和他们说话，他们便会微笑；在 3 ～ 7 个月大的时候，他们会对言语的不同语调做出不同反应，例如分辨愤怒和幸福的语调；到了 8 ～ 12 个月大的时候，他们能够对自己的名字、“不”等做出反应，并且能够识别出多次出现的词，比如 peekaboo（捂住脸躲猫猫的游戏）。

婴儿最初的声音表达就是哭，接下来，出生后 1 个月左右便会发出“喔”“啊”声。出生后 6 个月左右，婴儿的咿呀学语开始听起来像言语的韵律一样。甚至在出生后的 1 ～ 4 天，法国宝宝的发声就已经更偏向于法语的发音了。在 6 个月大的时候，来自不同国家的父母就能通过婴儿的咿呀声来识别他们的孩子。这表明，文化和环境的影响对婴儿的发展是很重要的。有一种观点认为，孩子天生就能辨识母语中的词。许多实验表明，孩子能够通过语言的韵律来辨别不同的语言。一项研究发现，出生 5 天的婴儿能够区分韵律不同的日语和英语，但无法区分韵律相似的英语和荷兰语。

孩子出生后的第一年开始说话，他们能发出的第一个元音通常是“a”，第一个辅音通常是“p”或“b”。接下来，孩子会发展鼻音发音，从能够发出辅音“p”和“b”到能够发出“m”的音。在 18 ～ 20 个月大时，孩子开始能将两个词放在一起使用。由于词汇量很小，并且工作记忆容量有限，所以孩子的语法掌握情况很难像成人一样。

有一种观点认为，孩子拥有语言习得机制，这个机制体现了“普遍语法”规则。不同语言的语法会有些许不同，但基本的语法规则是相同的。比如说，乔姆斯基指出，成人与孩子说话时其实是不遵守语法规则的。如果孩子长期在这样的环境中学习语言，那么他最后就会像憨豆先生一样，说的话让人难以理解。然而，人们语言习得的机制是不容挑战的，脑能帮助人们在特定的年龄阶段习得多种语言。目前尚不清楚孩子的语言习得机制是否能够体现特定的普遍语法规则。

孩子言语中出现的词形变化和功能词也遵循普遍的模式。例如，像“in”这样的介词出现在词的复数形式前，词的复数形式出现在所有格前。成年人对婴儿说话时更倾向于使用简短、符合语法规则、重复的语言：发音更加清晰，较少使用抽象的词，并且会和孩子能看见、可以触摸到的物品配合使用。一项研究发现，当要求母亲重复自己如何和孩子说话时，她们的表述要比实际交流时的表达更简单。

在学会使用两个词语表达的阶段后，孩子开始掌握一些基本的成人语法规则。他们的词汇储备从物体名词拓展到名词词组，比如从“那只猫”拓展为“那只大猫”。在说话时，他们使用动词的频率逐渐增加；能够加上冠词，比如使用“a”和“the”；介词和词形变化也呈现出准确化和复杂化的趋势，例如他们使用过去式时会在动词后加上“ed”，名词变所有格时会在最后加上“’s”。孩子对词形变化的学习不是通过外显的方式进行的，而是通过实际的语言交流习得词形变化的规则。尽管他们最先学习的是不规则动词的过去式，因为不规则动词更常见，然而，一旦学习了规则动词的过去式是加“ed”，他们便会将这一规则扩展到不规则动词上，比如 came 变成 comed。他们需要几年的时间才能够掌握规则动词过去式变化的规则。

孩子学习词语含义最有效和最明显的办法就是让他们将词语与相应的物体匹配。孩子对实词的学习很快，他们能很快掌握那些只出现过寥寥几次的词语的含义，这一过程被称为单词和词义的快速匹配。孩子经常会过度扩展词语的含义，例如，看见球、苹果、橙子或月亮，他们都会说成是“球”。掌握代词对婴儿来说有难度，这就是为什么父母在与孩子交流时通常不用代词而是用婴儿的名字，例如他们会说：“小宝想要泰迪熊吗？”，而不是“你想要泰迪熊吗？”。

语言发展和脑的发育

语言的发展往往是势不可当的。根据美国著名认知心理学家史蒂芬·平克（Steven Pinker）[①]的观点，实际上并没有什么方法能够阻止语言的发展，即使是将孩子放在木桶里抚养也不能。然而不幸的是，虽然有些家长的确抚养了孩子，也并没有让孩子生活在木桶中，但这些孩子仍然处于非常相似且非人道的环境中。比如小女孩吉妮（Genie），她的情况正是由于她的母亲与医院有预约才在偶然间被发现的。吉妮不会说话，即使开口，说的内容也仅限于一些负面的、由两个字组成的词组，比如“不要”和“停下”。她身高 1.37 米，体重 25 千克，牙齿基本发育完全，护士认为她大约 8 岁。但实际上，她已经快要“庆祝”自己 14 岁的生日了。

吉妮一直饱受着可怕的儿童虐待。在最多不超过 20 个月的时候，吉妮的父亲便将她关在家里后院的一间房间内，拴在婴儿便盆旁。她睡的婴儿床布满铁丝网。吉妮的父亲无法忍受噪声，只要她发出一点儿声音，父亲就会打她。

吉妮不能恰当地说话，词汇量只有 20 个左右，但她能理解“红”“蓝”“绿”这样的概念。在人们发现她的一年后，吉妮的语言能力有了显著的提高。在吉妮受到照料以后，一位名叫苏珊·柯蒂斯（Susan Curtiss）的年轻研究生试图教她语言。在语言学习的最后阶段，她使用语法规则组织语言的能力已经与 20 岁的人相差无几，她能分清单数名词和复数名词、肯定句和否定句的差别，还能理解一些介词。遗憾的是，虽然吉妮在语言学习上取得了一些进步，但她最终也只能

① 史蒂芬·平克的其他作品，如《当下的启蒙》、“语言与人性”四部曲——《语言本能》《思想本质》《心智探奇》《白板》，已由湛庐文化策划、浙江人民出版社出版。——编者注

达到最聪明的非人类灵长类动物所能习得的语言水平。

吉妮以及那些和她有过同样经历的孩子们，诠释了语言习得和脑发育所展现的某种神秘的特质。人似乎有一个语言学习的敏感期，大概是在 6 ~ 13 岁这一年龄段。比如野孩子阿韦龙（Aveyron），他曾经被割喉，在被遗弃后由一群狼抚养长大。长到一定的年纪以后，他便再也无法学习语言了——经过精心的照顾和治疗，这个野孩子虽然能像人一样走路、吃饭，却始终无法像正常人一样说话。

13 岁以后，人就很难再学习一门新的语言了。儿童时期由脑部损伤导致的失语症患者要比青少年或成年失语症患者的状况好一些，并且更容易恢复。事实上，患有失语症的儿童语言的发展几乎是正常的，原因是人的脑在儿童时期具有“可塑性”。脑的可塑性是指脑仍在发育中并且能够适应具体的损伤，因为受损区域的功能可以被脑的另一区域替代。语言加工的偏侧化在 10 岁的时候逐渐完成，大多数儿童的言语功能自此之后便会集中在脑的左半球。不过，令人感到惊讶的是，即使通过手术移除了儿童的半脑，他们的言语功能依然可以运行良好。

非人类灵长类动物能习得语言吗

20 世纪 80 年代，英式讽刺的狂热者对喜剧小品《非九点档新闻》（*Not The Nine o'Clock News*）一定不陌生。该剧有一集讲的是，梅尔·史密斯（Mel Smith）饰演的人类学教授和他的大猩猩学生杰拉德因为一项赢得了大笔奖金的科研发现而接受采访。这一集的笑点在于大猩猩杰拉德如同“神圣的”中产阶级一样，与他的老师平起平坐。

它滑稽地模仿了那些致力于通过教导非人类灵长类动物语言，使它们“人化”的科学家。或许，科学家做出的最没有意义的努力之一，就是教非人类灵长类动物学习语言。一个显而易见的问题是，为什么科学家要去做这件事情呢？毕竟，即使好不容易成功了，也只能证明语言训练是有效果的。

20 世纪 60 年代，人们对非人类灵长类动物能否习得语言抱有极大的兴趣。然而，在这些动物身上做的各种尝试都失败了。这是因为非洲黑猩猩并不能像人类一样有效地控制自己的舌头、嘴唇以及声带。内达华大学的比阿特丽斯（Beatrice）和罗杰·加德纳（Roger Gardner）曾经开展了一项非常有名的研究项目，即华秀计划（Project Washoe）。华秀是一只母猩猩，在它 1 岁的时候，科学家们教它学习美国手势语。到 4 岁的时候，华秀已经学习了 130 个词汇的手势语了。而且，它还能使用两个词构成的词组，比如“把花－给我”，有时甚至能使用包含三个词的词组，比如“你－给我－挠痒痒”。当学习了“打开”这个词以后，它能泛化到任何它想要打开的物体上。它还能把学到的“语言”教给后代。然而，这个语言学习过程是缓慢的，而且这个过程不仅是学习语言本身，还涉及语言模仿以及在手势和指代的事物之间建立联系。

另一只著名的非人类灵长类动物，是一只叫坎齐（Kanzi）的倭黑猩猩。科学家教它通过敲击对应词语的符号来与人类交流。有趣的是，它也表现出了对人类语言的某种程度的理解。在给坎齐读的 300 多个句子中，几乎所有句子的结构都是它之前从未听到过的，但它对其中 298 个句子做出了正确反应，比如它会根据句子的内容做出动作“去冰箱拿出一个西红柿”。虽然这样的发现令人着迷，但非人类灵长类动物的语言学习能力仍旧非常初级。看来，《人猿星球》所描述的那种猿类崛起的恐怖时代离人类还远着呢！

阅读：人们如何阅读以及有哪些言语障碍

阅读是一种人为的行为，它不像听和看，必须要经过学习才能知道如何阅读。人类最早的书写系统可能要追溯到公元前 4 000 年前的苏美尔，即现在的伊拉克和伊朗，而且人们创造这个书写系统可能是为了记录土地所有权和留存财产账目。大多数现代语言都使用由符号组成的字母书写系统，这些符号代表声音，而中文显然是一个例外。

阅读文本时，人们采用从左往右的方式浏览。浏览指的是在注视特定的词之前，双眼在扫视文本时做的小幅度跳跃，即扫视。实际上，我们可以测量这些眼球运动，并且能观察到人们在阅读的什么时候发生扫视。优秀的读者会做出更多向前的扫视，而较差的读者则会做出更多后退的扫视，因为他们需要重读文本。阅读时人们倾向于略过熟悉的词，与对虚词的处理方式一样。一项对大学生的研究发现，他们阅读时会注视 80% 的实词，而只会注视 40% 的虚词。下面是一个例子：

I love Paris in the

the springtime

我爱春天时

的巴黎

也许你并没有注意到第二行的“the”，因为我们很容易忽略类似的虚词。

一个单词越是不常见或者更长，人们注视它的时间就越长。在一项研究中，研究者要求人们阅读两句有关电影院的话，一句是“cinemas must have adequate popcorn”（电影院一定要有充足的爆米花），另一句是“cinemas must have buttered popcorn”（电影院一定要有黄油爆米花）。结果发现，人们会在前一句话上停留更长的时间，因为“充足的”（adequate）这个词与爆米花的组合很少见。正是因为这一点，相比《达·芬奇密码》，人们需要花费更多的时间来阅读《尤利西斯》和《发条橙》。这个例子同样也说明了语义启动这一概念。

语义启动指的是一个词的呈现能够激活与该词相关的记忆表征，进而影响后续的阅读。例如，当“马”这个词闪现在屏幕上，然后你要判断接下来的“鞭打”“桌子”等词是否符合情理。你会对“鞭打”这个词反应更快，因为“马”从语义的角度启动了“鞭打”这个词，它们搭配更合适。广告商一直在使用这种方式：在广告中，空气清新剂总是被描述成“让你呼吸好似来自阿尔卑斯山的新鲜空气”，你何时听过它们被称为“灰尘垃圾箱”呢？

阅读的双路径模型

为了理解文本的内容，你需要感知并识别纸上的墨迹，然后把这些墨迹识别成完整的单词或单词的音素。作为一个初读者，一开始人们会把单词读出来。人们需要通过音素将单词分开再整合，即**分割和混合**，并要留意这些单词的物理特征，因为人的视觉词汇加工容量有限。更重要的是，我们通过声音来识别字母，这个过程被称为**语音意识**。随着在阅读上越来越有经验，人们的阅读效率会变得越来越高。

即使是在遇到一些不熟悉的单词时，通过运用形音对应的规则，人们还是能够读出这些单词。例如，当看到 bast 这个词时，人们看到的是组成这个单词的字母，这是字形。同时，人们会运用学过的规则将字形转化为读音。因为 bast 和 past 的形和音都很相似，所以人们在读 bast 时会遵循 past 的发音韵律。而在其他情况下则不需要这些规则。例如，table 通常被识别为一个整词，因为人们都很熟悉它。但是，也存在一些例外情况，比如试着读一读下面的词：knave、shave、slave、have。也许，你读 have 时会像读 slave 一样。这个例子强调了上下文对阅读的重要性。

在解释人们阅读加工过程的理论模型中，占据主导地位的一种理论认为，从词形到理解词义存在两条主要路径，这被称作**双路径模型**。词汇路径在心理词典中查找词语，查看所读的词是否能够与长时记忆中的词汇相匹配，次词汇路径将字母转换成声音。第一条路径能够识别所有已经见过的词；第二条路径则能解码那些不熟悉但正常的词或 flound 这样的假词。由于脑损伤而产生某种阅读障碍的病人，比如拼音性失语症患者，即使可以认读熟悉的整词，却不能认读那些语法正确的假词。脑成像证据表明，这两条路径由脑中不同的神经网络进行表征。

虽然还有其他方式，但儿童学习阅读的方式大体上反映了以下两条路径：**整词认读**和**拼读**。如果儿童会拼读，说明他已经学会了形音对应规则。语音技能或许是良好阅读能力最重要的预测指标。通过创造押韵的方式，让阅读能力差的读者学会将注意力集中在词的发音上，他们的阅读能力就可以得到显著的提高。根据阅读能力，也可以预测一个人未来能否在学业上取得成功。

阅读障碍

阅读障碍是一种特定的学习障碍，具有阅读障碍的人会有极度的阅读困难。阅读障碍可以由脑损伤引起，即**获得性阅读障碍**；也会在具有正常智力和受教育水平的人身上出现，即**发展性阅读障碍**。尽管获得性阅读障碍更有助于语言学家修正有关人如何阅读的各种理论，但这种类型的阅读障碍并不常见。据统计，发展性阅读障碍患者占总人口的 5% ～ 17.5%。

尽管初步的证据显示，男孩并不会比女孩更容易患阅读障碍，但阅读障碍通常有家族史，且在男性亲属（如父亲）身上更为常见。具有阅读障碍的人完全能够正常应对自己的生活，甚至有很多人取得了巨大的成功，比如阿加莎·克里斯蒂（Agatha Christie）、理查德·布兰森（Richard Branson）、迈克尔·赫塞尔廷（Michael Heseltine）、艾德里安·安东尼·吉尔（A. A. Gill）、杰伊·莱诺（Jay Leno）和丹尼·格洛弗（Danny Glover）。这些人都让人印象非常深刻，而且他们仅是阅读障碍患者中取得了成功的一小部分。

发展性阅读障碍患者的一个重要特点是，他们具有糟糕的语音加工能力或语音意识。他们很多与语言有关的能力受到了损伤，包括对词汇进行语义分段的能力、对头韵的意识以及执行语言操作的能力。例如，他们可能会将 tomato 和 cucumber 分别读成“comato”和“tucumber”，或者读出去掉单词中第一或第二个音后剩下的单词的音。发展性阅读障碍患者对词汇和词汇发音的记忆广度也很差。

人们提出了各种理论来诠释这种病症。其中一种理论认为，阅读障碍患者脑中承载的有关空间、深度和运动（大细胞通路）信息的视觉通路功能失调。有一项著名的脑成像研究发现，在观看移动的刺激时，发展性阅读障碍患者这一视觉通路投射的脑区并没有被激活。

心理学家认为，这条通路也起到了凝聚注意力的作用，使人们可以过滤掉无关信息。当要求有阅读障碍和没有阅读障碍的被试在一些刺激中定位某一个刺激时，比如在呈现的灰色圆形中找出灰色的三角形，随着无关刺激数量的增加，有阅读障碍的被试表现会更差。或许，发展性阅读障碍患者也存在刺激加工能力的整体损伤。

在神经层面上，已经有研究发现，来自法国、英国和意大利的阅读障碍患者脑中颞叶某些区域的活动水平有所降低，而良好的阅读能力要求角回[①]这一区域有更大的血流量。还有一种理论认为，发展性阅读障碍患者颞叶中颞平面这个区域在脑的左右半球更加对称，在脑左右两侧大小相同，但对正常人而言，脑左侧的颞平面会更大一些。

新近的一种理论认为，阅读障碍患者脑中负责运动功能的脑区和小脑存在功能失调，因为在执行新的和熟悉的运动行为时，他们小脑区域的活动会下降。阅读包含自主或不自主地转动眼球这样的运动，因此，小脑功能失调会造成阅读困难。然而值得牢记的是，二者的关系也可能是反过来的：阅读障碍导致小脑功能失调。

① 呈方形，围绕在颞叶的颞上沟的末端。——编者注

失语症

1992年7月30日上午9点之前，备受尊敬的艺术历史学家和多产作家约翰·黑尔（John Hale）在书房的地板上被人发现，他脸上带着孩童般的微笑，嘴里说着“那墙，那墙”——黑尔中风了。

几天前，黑尔的妻子希拉（Sheila）注意到了一点蛛丝马迹，那就是他面部肌肉的变化。在著作《失去语言的人》（*The Man Who Lost His Language*）中，希拉描述了丈夫的病情：中风以后，黑尔无法说话、写字或匹配与物体对应的书面或口语名词，比如他无法将剃刀、小鸡、铅笔和钥匙与对应的词匹配。但是，他能通过人们对他做的动作以及说话的语气来猜测人们说的话，能因为笑话而开怀大笑，也能遵从一些简单的指令。从阅读中获得乐趣对他来说是很困难的，当遇到不能理解的内容时，他就会将这一页翻过去。不过令人感到好奇的是，他能理解学术期刊及选刊的文章，这表明通过阅读获得乐趣和通过阅读获取信息之间相互分离。黑尔表现出失语症的症状。

第1章提到过，心理学界早期一些最重要的发现来自布洛卡和威尔尼克的工作，他们认为脑某些区域受损的人既无法产出言语也无法理解言语。言语能力完全丧失被称为**失语症**，部分言语能力丧失被称为**言语障碍症**。不过，人们通常把所有类型的言语缺失都称为失语症。

布洛卡失语症患者的言语能力受到了严重的损伤，他们语法缺失，所说的言语不遵循句法规则，正如以下例子所示：

啊……星期一……啊爸爸和保罗（病人的名字）……和爸

爸……医院。两个……啊医生……啊……30 分钟……是的……啊……医院。并且，呃，星期三……九点。并且，呃，星期四，十点……医生。两个医生……和啊……牙齿。是啊……好的。

患者似乎能明白别人说的话，并经常因为不能用口语表达自己的想法而感到恼火和烦躁。不过，他们对言语的理解也并不完全是正常的，比如他们无法理解“用蓝色三角形接触红色圆圈”这类简单的口头命令。

威尔尼克失语症患者对言语的理解能力很差，经常会自言自语说一些无意义的话，且往往省略实义词。下面的例子是一位患者试图描述一张有关饼干失窃的图片时说的话：

嗯，这是……妈妈出去了不在这里工作，她的工作这里让她更好，但当她看着，看着其他地方的两个男孩。一个小瓷砖到她的时间这里。她又在工作了，因为她也觉得。

威尔尼克失语症患者也无法理解有意义的口头指令，例如，对他们说“指出装有墨水的物体”，他们会指向另一个物体。威尔尼克区正是存储构成词汇的音素信息的地方。

从心理学的角度来看，脑损伤引起的行为障碍似乎有些混乱，损伤威尔尼克区、布洛卡区以及它们周围的脑区会导致多种语言功能障碍。实际上，有一些研究者提出，即便损伤的是布洛卡区以外的区域，也只能观察到布洛卡失语症。正如所有心理治疗师都会说的那样，科学期刊中描述的言语障碍的各种临床症状在现实生活中变得越来越难发现。

仅仅损伤威尔尼克区会导致一种有意思的现象，即**纯词聋**。纯词聋的人并不是真的聋人，他们能听到声音，但完全无法理解他人说的话。损伤该脑区以外的区域也会导致威尔尼克失语症，但患者仍然拥有完整重复言语的能力。

脑损伤也会造成许多其他类型的失语症和言语障碍，其中一种是专门与人对身体部分进行命名的能力相关的。拓展阅读会给出有关这方面的更多信息。

男女在沟通上的思维差异

研究成果颇丰的美国语言学家德博拉·坦嫩（Deborah Tannen）发现了男女在对话与交流方式上的有趣差异。下面是坦嫩《男女亲密对话》（*You Just Don't Understand*）一书中所举的一个例子：

> 一对已婚夫妇坐在车里，妻子转向丈夫问："你想停下来喝杯咖啡吗？"
>
> "不，谢谢。"丈夫如实回答，所以他们没有停下来。
>
> 结果呢？这位妻子其实想停下来，她感到非常恼火，因为她觉得自己的提议没有被丈夫采纳。看到妻子生气了，丈夫感到很沮丧，并纳闷妻子为什么不说自己想要什么。

根据坦嫩的研究，这种情况可以说明男女在语言使用上的一个重要区别：女性通常会先提出一个建议然后再开始协商，男性则会认为这个建议是一个需要被直接回答的问题。

坦嫩的另一个研究还发现，男性的对话有点像一场口水仗：这是一种用以建立主导权的方式，他们希望通过对话来占据上风，而不是任人摆布；相反，女性往往通过交流来促进亲密感、拉近距离以及给予支持。男性更加独立，比如在做某些决定时，男性不会咨询伴侣的意见，而是会直接影响伴侣的判断，从而做出单方面的决定；女性则试图通过达成一致来赢得争论，而且她们的要求往往以建议的方式提出，而不是以命令的方式。

另一个不同之处是，男性和女性在发表建议和表达理解时的表现不同。当女性在描述一个问题或困难时，男性通常会给出具体的解决办法，但女性想要的其实是理解和安慰。

关于男女的语言系统在脑中的组织方式是否不同，目前还不清楚。一些证据表明，在语言任务中，女性表现为更多的脑双侧活动，然而其他研究没有发现类似的结果。

性别是影响行为的一个重要因素，同时它也像人格和认知能力一样，存在着个体差异，能够影响人的行为、反应和思考的方式。在下一章中，我会详细介绍个体差异，包括如何测量个体差异以及个体差异究竟是什么意思等。

要点总结

1. **隐喻词库**：可以被视为人的心理词典，所有词汇都储存在隐喻词库中，人可以通过听觉刺激检索这个词典。

2. **语言学习敏感期：**6 ～ 13 岁是学习语言的敏感期。13 岁以后，人们就很难再学习一门新的语言了。

3. **脑的可塑性：**指的是脑仍在发育中并且能够适应具体的损伤，因为受损区域的功能可以被脑的另一区域替代。

4. **阅读障碍：**一种特定的学习障碍，表现为极度的阅读困难。
   - **发展性阅读障碍：**在具有正常智力和受教育水平的人中出现；
   - **获得性阅读障碍：**由脑损伤引起。

5. **失语症：**表现为言语能力的完全丧失。

6. **言语障碍症：**表现为部分言语能力丧失，人们通常也将其称为“失语症”。
   - **布洛卡失语症：**表现为言语能力受到严重损伤，语法缺失，所说言语不遵循句法规则；
   - **威尔尼克失语症：**表现为缺乏对言语的理解能力，会说出自言自语无意义的话，通常省略实义词，也无法理解有意义的口头指令。

智力与人格

怎样科学地测量智商?

智力能遗传吗?

性别对智力有影响吗?

各种人格测试是有效的吗?

智力：如何带来个体差异

古巴导弹危机、伊拉克战争、伦敦千禧巨蛋、苏伊士运河、可口可乐瓶装水、自洁内衣……这些事件和发明创造及其背后的决策，想必都是由聪明人做出的。这就提出了一个问题：上述这些事件怎么就发生了？真正聪明的人怎么会做出如此可怕且明知后果的决策呢？

上述事件背后的决策极好地揭示了人在推理过程中可能会犯的错误，而且这些错误还会被他人的看法、过去的决策、对未来的预期以及过少或过多的信息进一步左右。在本章的最后和第 8 章，我将会回过头来再次讨论这些问题。

不管怎样，回答这些问题的前提都是理解究竟什么是“智力”。我们通常把智力等同于某个人的“聪明”或某件艺术品所呈现的“创造力”和“想象力”。有两位心理学家进行过一项有关心理学家如何定义智力的调查，结果显示，几乎每个人对智力的定义都有所不同。一位著名的心理学史家则务实地说，智力就是指智力测试所测量的东西。

智力的 4 种理论

所有心理学家都认同，智力描述的是一个人学习、记忆、识别概念以及使用已掌握的信息来适应环境的能力。心理学家通常将智力区分为两种类型：**流体智力**和**晶体智力**。流体智力指的是天生的能力，晶体智力指的是后天习得的能力，比如知道怎样安装插头、弹钢琴，谁写了《都柏林人》等。20 世纪 50 年代，雷蒙德·卡特尔（Raymond Catell）根据因子分析划分出了这两种类型的智力。**因子分析**是一种统计方法，可以帮助研究者从测试众多问题的得分中确定某种共同的因素或主题。例如，在人格测试中，可能有 5 个或 6 个陈述是高度相关的。也就是说，如果你在某一项上得分高，那么在其他几项上也会得分高，而这就意味着这些陈述测量的可能是同一个更加宽泛的因素或主题，如外倾性。当然，因子分析并不能精确地描述智力水平——由于因子的名称是由最初研究该问题的研究者决定的，所以因子分析中存在一定的主观性。

1927 年，查尔斯·斯皮尔曼（Charles Spearman）提出，人的智力建立在**一般智力因素（g 因子）**和成功完成特定智力测试的另一种智力因素（**s 因子**）的基础上。这个观点有值得称赞的地方：人们在不同智力测试中的得分是高度相关的，这意味着可能存在一个为所有测试所共有的潜在因素。其中有些测试之间的相关性比另一些更高，表明这些测试可能共同体现了一种更具体的能力，比如视觉空间能力。

受到这一发现和理论方法的启发，心理学家开始对来自各种智力测试的数据进行因子分析。一位名叫路易斯·瑟斯通（Louis Thurstone）

的心理学家对本科生进行了 56 项测试，发现测试结果可以浓缩为 7 个因素，比如言语理解、言语流畅、记忆等。而当雷蒙德·卡特尔重新分析这些数据时，他发现有两个因素可以解释瑟斯通报告的所有数据，即流体智力和晶体智力。

20 世纪 80 年代，美国心理学家罗伯特·斯滕伯格（Robert Sternberg）提出，智力由三部分组成，分别是**成分智力**、**经验智力**和**情境智力**。这个**智力三元论**超越了传统智力测试的因素，纳入了行为的实践方面。成分智力代表人们用来计划和实施行为的机制；经验智力让人们能够根据经验处理新情况，解决以前遇到过的问题；情境智力反映了遵从自然选择的技能，比如适应、发展合适的技能、为自己寻找有利的环境。

还有一个很重要的理论是霍华德·加德纳（Howard Gardner）① 的**多元智能理论**。加德纳使用的研究方法看上去和瑟斯通的方法差不多，他基于神经心理学的数据归纳出了至少 7 种类型的智能：语言智能、逻辑数学智能、音乐智能、空间智能、身体动觉智能、人际智能（对他人情感的意识）和内省智能（对自己情感的意识）。前 3 种类型的智能很常见，心理学家已经对它们的存在达成了共识；后 4 种则不常见。正如本章所示，学界对智力本质的激烈讨论仍在继续。

此外，有些心理学家认为人还具有所谓的“**情绪智力**”，也就是情商，指与他人共情和互动的能力。情绪智力是否可以作为一种单独的

① 有关多元智能的内容，可参考加德纳的《多元智能新视野》，本书已由湛庐文化策划、浙江人民出版社出版。——编者注

智力类型是值得商榷的。它包含两个因素，即社会技能和情感技能，其中社会技能与面试表现密切相关。

怎样测量智力

世界上应用最广泛的智力测试是**韦克斯勒智力量表**（Wechsler Adult Intelligence Scale, WAIS）。1995 年，大卫·韦克斯勒（David Wechsler）为了帮助美国军队筛选士兵设计了这个量表，之后又进行了两次修订，最后一次修订是在 1997 年。WAIS 由 14 项测试组成，其效度已通过对来自 13 个年龄组的 2 450 人的测试结果得到了证明。此外，WAIS 也是相对文化中立的，这是对之前版本的批判性修订，它甚至还有苏格兰和威尔士版本。这项测试测量的是两个因素，即**言语智力**和**操作智力**。测试结果报告的智商（IQ）就是上述两个因素相结合后的得分。

WAIS 中言语测验的测试内容包括：

◎ 知识：比如法国的首都是哪里。

◎ 理解：比如对谚语进行实际的理解和解释。

◎ 相似性：比如对物体共有的属性进行抽象和语言表达。

◎ 数字广度：比如复述和倒背听到的数字。

◎ 词汇：比如词汇的释义。

WAIS 中操作测验的测试内容包括：

◎ 数字符号。

◎ 图画填充：比如识别图形中缺失的部分。

◎ 图片排列：比如把卡通图片按照有意义的顺序进行排列。

◎ 木块图：比如把方块排成给定的图案。

◎ 图形拼凑：比如把碎片拼成完整的图案。

WAIS 测试的平均分是 100。与身高一样，智力也是正态分布的，也就是说，如果把所有人的智力分数绘制成曲线图，这条曲线的形状就像一口钟，大部分人处在中间的位置，即具有平均的身高和智力，剩下的人则占据两端，即具有低智商和高智商。事实上，65% 以上的人智商在 84 ～ 116 之间，只有 0.13% 的人智商在 36 ～ 52 或 158 ～ 174 的区间内。

WAIS 不是第一个也不是唯一的智力测试。早在公元前 2 200 年，中国的统治者就开始采用与现代心理测验相似的方法来评估文职官员的工作成效。现在有数百种测试来测量各种各样的能力，比如创造力、词汇能力、空间推理能力等。这些测试有时是存在争议的，因为测试结果可能有所暗示，并且可能会影响到某人能否得到某份工作。

现代智力测验的先驱是**阿尔弗雷德 · 比奈**（Alfred Binet）的测试。比奈是一位法国心理学家，他被要求设计一种测试，以甄别出学校里哪些儿童需要特殊辅导。和 WAIS 一样，最初它也不是用来测量智力的。1905 年，比奈和**西奥多 · 西蒙**（Théodore Simon）一起完成了设计。在这项测试中，评估人员要评定每个孩子的**心理年龄**，即达到某一特定分数的正常儿童的平均年龄。当一个孩子的得分高于与他年龄相仿的孩子的平均分数时，他的心理年龄就比**实足年龄**大。10年后，这项测试被介绍到了美国，并出现了计算智商的公式：

$$智商=\frac{心理年龄}{实足年龄}\times 100$$

从1930年开始，人们在智力测试中的得分就在不断增长。与生活在2000年的人相比，生活在1930年的人智商要低30分。20世纪90年代，在荷兰进行的一项研究发现，仅在一代人之间，智力就发生了18～20分的飞跃，这可能是因为有了更好的教育，尤其是基础教育，并且重视传授流体智力背后涉及的认知技能。尽管事业的成功和智商存在联系，但高智商和高收入之间并不存在有意义的相关关系。

男性和女性在智力上是否有差别

除了基因对智力的影响和智力测试的有效性，第三个最受争议的话题可能就是男性（男孩）和女性（女孩）在智力测试中的表现是否有所不同了。我们对一个人智力水平的看法会受到自身性别和对方性别的影响。例如，子女普遍认为父亲比母亲的智力水平高，父母也普遍认为儿子比女儿的智力水平高。

阿德里安·弗恩海姆和我主持过一项针对夏威夷、英国和新加坡受访者的研究，我们要求人们根据加德纳多元智能理论中的每一个维度对自己进行评分。结果发现，男性对自己数学和空间智能的评分要远远高于女性。基于以往有关人们行为表现性别差异的研究，这个发现其实并不令人惊讶。例如，1999年，戴安·哈尔彭（Diane Halpern）在

《美国心理学家》（*American Psychologist*）上发表了一篇论文，总结了许多有关人们在特定智能上的表现的性别差异的报告——其中有些女性得分高于男性，有些则是男性得分高于女性。在过去的 30 年间，在各个报告中唯一具有一致性和可信性的性别差异是视觉空间能力，尤其是想象在三维空间中旋转物体的能力，在这一点上，男性的表现远好于女性。图 6-1 和图 6-2 展示了几个例子。

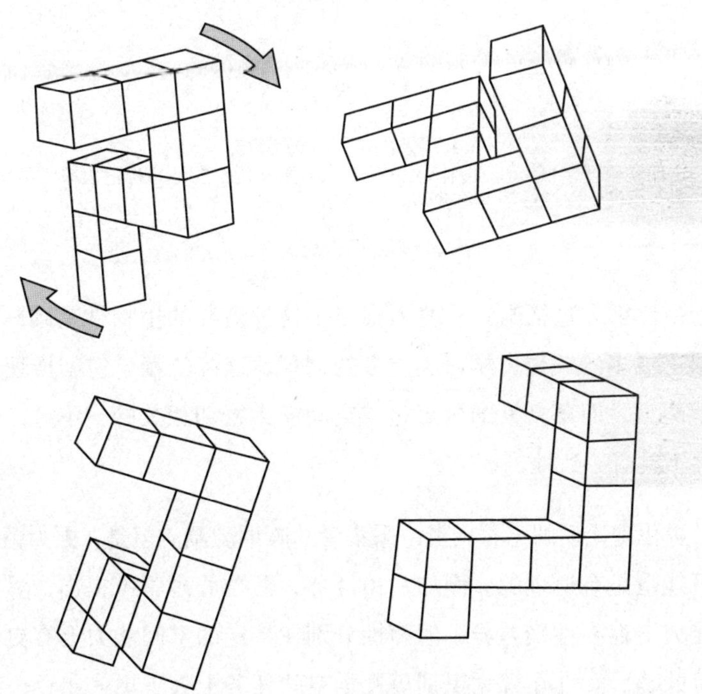

图 6-1　典型的心理旋转实验中使用的木块

这项实验要求被试判断旋转之后的木块是否与目标木块一样，当然，它们的方向不同。

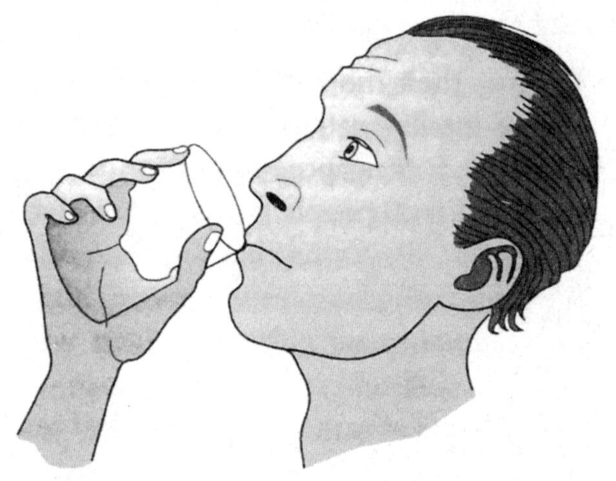

图 6-2　水位实验

这项实验要求被试在玻璃杯上把他们认为是水位线的地方标记出来。平均来看，男性比女性估计得更准确。

为什么会这样呢？一些人指出了这种差异的生物学基础——男性占据了更多的职位，学习了更多的课程，这都依赖于空间推理能力和数学能力，而睾丸素的分泌是与空间能力密切相关的。不过，这些证据并不具有一致性。

进化理论反映了狩猎者–采集者的陈词滥调。但是，更为精细的解释可能也是有道理的。例如，2004 年，两位心理学家提出，尽管在空间能力上存在性别差异，但两性分别在特定的空间能力上有更好的表现。的确，女性在视觉识别等视觉空间任务上表现更为出色。从进化的角度来看，女性更擅长在邻近的环境中探索和决策，男性更擅长在广阔的环境中探索。因为在远古时期，女性要留在家中照顾子女，而男性要出门打猎。现代的一些研究也支持这样的观点，比如在被要求指示方位时，男性通常会说明有关距离和方向的细节，女性则更倾向于使用地标来说明。在学业表现上，男孩既可能表现非常出色，也可能表现非常糟糕。就像进化心理学家海伦娜·克罗宁（Helena Cronin）所说的那样，男孩中有更多的笨蛋，但也有更多的诺贝尔奖得主。

另一种关于性别差异的解释来自西蒙·巴伦–科恩（Simon Baron-Cohen）。他认为男性和女性的差异在于处理信息的方式——要么是基于同理心，要么是基于系统分析。基于同理心处理信息的人致力于识别他人的想法和情感，因此表现出换位思考、利他主义和协同性的特点；基于系统分析处理信息的人致力于分析非社会交往中的各种关系，因此表现出对科学、技术和自然世界等的兴趣。女性更擅长前者，男性则更擅长后者。研究发现，男性的系统分析能力高于女性，非异性恋女性的系统分析能力高于异性恋女性，而异性恋男性和非异性恋男性之间没有差别。相比于男性，女性确实对艺术和文化表现出更大的兴趣，但这可能与基于同理心的信息处理方式无关。

关于空间能力这一话题，20 世纪 90 年代一些颇有争议的研究声称，与 10 分钟的放松或静默相比，聆听 10 分钟莫扎特奏鸣曲能让人在空间测试中有更好的表现。基于此类研究，美国佐治亚州的新生儿接受了莫扎特音乐的洗礼，因为人们相信天才作曲家的曲目能够提高孩子的心理机能。然而，一个可靠结论的特征是具有可重复性，而后来的研究并没有支持原来的结论——似乎一些类似于莫扎特奏鸣曲的音乐以及一些能增强积极情绪的曲目同样可以产生类似的效果，但这种效果只体现在特定的任务上。

智力是由环境还是由基因决定的

关于究竟是环境还是基因决定智力的争论，也就是**天性 – 教养之争**，已经或多或少地消失了一段时间。其实二者都很重要，现在人们的焦点在于环境和基因的变化如何影响智力的发展。环境的影响似乎是不言而喻的。例如，一个幸福且善于鼓励孩子的家庭、良好的学校教育和适当的培养等，都会促进孩子智力的发展。相比而言，基因的影响要复杂得多。

群体中能够被归因于遗传变异的智力变异程度的统计量被称为**遗传率**，有两种方法可以用来确定它的相对影响。一种方法是，测量从不同卵子受精的异卵双生子和从同一个卵子受精的同卵双生子的智商。另一种方法是，测量由亲生父母和养父母抚养的孩子的智商。一项研究发现，被收养的子女和亲生父母之间智商的相关性比和养父母之间的更高，这意味着共同的家庭环境对智力的影响比基因小。不过，这中间有一个例外，那就是晶体智力中的语言能力。类似的结果在同卵双生子的语言和空间能力测试中也有所体现。相比于异卵双生子，在整个生命历程中，同卵双生子的智商一直都更加相似，即使是到了老年期也一样。当同卵双生子被分开抚养时，他们的智商虽然没有共同抚养的同卵双生子那么相近，但还是要比共同抚养的异卵双生子更相近。

当考虑环境因素对智力的影响时，它通常能解释差异的 25%，即智力差异能够被归因于环境因素的比率仅为 25%。不过，有人认为实际上的比率比这个还要低得多。为什么？行为遗传学家罗伯特·普洛明（Robert Plomin）认为，这是因为家庭环境对每个家庭成员来说并不是一样的。尽管生活在同一个家庭中，书架上有相同的书，去剧院或博物馆的次数也相同，但孩子们不会受到父母和其他家庭成员完全同等的对待，所以他们可能有不同的长相、不同的人格特质、不同的兴趣爱好，等等。实际上，环境在儿童期对智力的影响比在成年期的影响更大，这可能是因为孩子们在儿童期拥有更多的共同环境。但随着孩子们的飞速成长，经历的不同环境把他们塑造成了不同的个体。有研究发现，到成年期，环境对智力的影响从 30% 下降到了 3%。

普洛明和他的同事进行了一项研究，对智商从低于 59 到高于 142 的白人儿童进行了广泛的 DNA 标记，用于定位 DNA 的酶。他们发现，DNA 在高智商者和低智商者之间的差异并不大。100 个可识别的 DNA 标记中有一部分与智力产生了关联，但能够保持关联一致性的标记一个都没有。有的研究已经开始关注 6 号染色体上的 DNA 标记，它在智商高于 136 的高智商组中出现的频率比智商为 103 的对照组更高。这是一项振奋人心的发现，因为它在智商高于 160 的更高智商组中被再次发现了。但研究人员警告我们，该基因仅占智力遗传影响的一小部分，对智力的遗传影响可能涉及更多的基因。但尽管如此，这一研究领域仍可能是确定智力行为遗传基础的关键。

在心理学中，最有争议的话题可能集中在种族与智力的关系上。2007 年 10 月，伦敦科学博物馆匆忙取消了诺贝尔生理学或医学奖获得者詹姆斯·沃森（James Watson）的演讲，原因是他在英国一份全国性的报纸上发表了对非洲人和西方人智力的看法。在撰写那篇文章时，沃森的雇主，即冷泉港实验室已经将他停职。1994 年，由一名社会学家和一名心理学家共同撰写的畅销书《钟形曲线》（*The Bell Curve*）在出版时引起了轰动，因为它断言存在一个一般的智力因素，智力可以通过智商测试来测量，智商是由基因决定的，而智商上的种族差异是遗传的结果。

创造力：智力插上了翅膀

雨果说，创造力就是智力插上了翅膀。我们暂且把这种意味不明的比喻放在一边，但很显然，创造性思维及其成果的特征是智慧、兴奋和原创性。然而，与智力一样，很难对创造力下一个令人满意的定义。一件艺术作品、一本小说、一座桥梁或一首流行歌曲都是创造性的产物，数学公式和孩子的拼图也一样。创造力的重点在于它有原创性的成果。

在实验室中，使用最广泛的创造力测试之一是让被试为一个圆形之类的简单几何图形想出尽可能多的用法，另一种是让被试列出词语之间的相似性。一些研究指出，有创造力的人会积极适应各种风险，并且喜欢体验各种各样的经历。他们有技能，有一定的认知风格，也有进行创造的动力。他们也可能会表现出较高水平的神经质，即一种冷酷、操纵性和冷漠的人格，但有关这方面的数据并不一致。

相当多的研究表明，创造力与精神病理学密切相关。用德赖登（Dryden）的话说就是，“伟大的智慧总是几近疯狂，它们之间只隔了一层纱”。研究表明，在有创造力的人群中，精神疾病的发病率格外高。大多数伟大的作家和20世纪二三十年代的爵士音乐家都患有抑郁症。一些研究发现，父母之间的冲突和儿童的创造力存在关联。2006年，《人格与社会心理学》杂志上发表的一项研究发现，即便只是想到一个潜在的、有吸引力的伴侣，也能提升人们的创造力，不过这只适用于男性；对女性来说，只有在想到一个值得信赖的、忠诚的伴侣时，她们的创造力才会有所提升。这些发现似乎支持了伊戈尔·斯特拉温斯基（Igor Stravinsky）的信念：“为了创造，必须有一个动力，而什么动力会比爱更有力呢？”

推理和决策：8 种普遍的认知偏差

人天生就是问题的解决者，进化让我们成为这样的人。从建造房屋和桥梁到人质谈判、进行心脏手术、种植作物、完成填字游戏，我们把才能用于解决各种各样的问题。当进行推理时，我们通过一般性的原则或规则，或者运用逻辑、采用演绎推理的方法来推断一件事的前因后果，又或者从具体的例子出发，采用归纳推理的方法推导出一般性的原则。

演绎推理的典型例子是三段论，这是一种由亚里士多德发明的逻辑形式。它从一个大前提开始，然后有一个小前提，最后得出结论：

大前提：诺曼比奈杰尔高；

小前提：娜塔莉比奈杰尔矮；

结论：诺曼比娜塔莉高。

有些三段论推理可能会推导出不正确的结论，我们必须确认它们是否符合逻辑，下面就是一个例子。

大前提：我的狗有四条腿；

小前提：我的猫有四条腿；

结论：我的猫是一条狗。

一些心理学家认为，进行三段论推理的能力更多地与空间而非语言能力有关。而且在阅读每个句子时，人们会建立一个心理模型，也就是一种基于现实的心理建构。在心理学实验室中，有一个广为人知的归纳推理的例子：让被试根据图案的类型、数量或颜色对卡片进行排序；被试根据实验人员的反馈来推断哪个标准是正确的，最终会弄清楚游戏规则。如果规则在被试没有明确意识到的情况下发生了改变，那么额叶受损的患者就无法识别出规则已经发生了变化。

事实上，神经成像学和脑损伤研究的证据表明，额叶参与了推理和决策。有一种假设认为，如果额叶受损，人将会做出更多的冒险行为，比如下大额的赌注，因为人们无法意识到与风险有关的心率加快等身体感觉，而这正是前额叶能让人察觉到的。如果察觉到这些变化和感觉，人往往就能意识到自己的行为可能存在着风险，并阻止自己做出这种行为。

“人非圣贤，孰能无过”，这一点在推理领域再正确不过了。人们在推理过程中经常会犯错，正如本章开头所举的例子，那些最负盛名的机构、公司、政府以及普通公民，都受到过这些错误判断的折磨。下面，我来介绍一些心理学家在几十年的研究中已经证实的推理偏差，其中许多例子都来自斯图尔特·萨瑟兰（Stuart Sutherland）的著作《非理性》（*Irrationality*）。

易得性偏差

是不是以“r”开头的单词要比以“r”为第三个字母的单词多？是不是以“k”开头的单词要比以“k”为第三个字母的单词多？如果你的回答是“是”，那么你就犯了易得性偏差。人们倾向于认为有更多的单词以“r”或“k”开头，因为这些单词人们更容易想到，并且以这样的方式组织在头脑中。下面再看一个例子。

在一项研究中，研究者给被试呈现一张包含名人名字和虚构名字的名单，并要求他们指出名单中有多少男性和女性的名字。当名单中包含约翰·肯尼迪、温斯顿·丘吉尔等名字时，被试认为名单中有更多男性的名字，当然，实际上并没有；同样，当名单中包含著名女性的名字时，被试也会认为女性的名字更多。之所以会如此，是因为人们更容易注意到名人的名字。

生活中类似的现象也有很多，例如，人们会感到标价 5.99 元的东西比标价 6 元的便宜许多，会因为刚发生的恐怖事件而害怕坐飞机。20 世纪 80 年代，由于一系列恐怖事件被公开传播，大量美国人因为害怕遭到劫持而不愿意乘坐飞机。可实际上，1986 年的一项研究指出，与出现飞机事故相比，美国人更容易在自己所生活的城市中因暴力而死亡。

光环效应

一种连贯、易得且积极的特质会扰乱人们对他人的判断。例如，相比于那些不太具有吸引力的人，人们倾向于认为英俊的男性和美丽的女性更加聪明、健壮和幽默，当然，并没有证据表明他们的确如此。20 世纪 80 年代有一项设计十分精巧的研究，研究者将已经发表过的心理学论文再次投递给同一份期刊，但是对作者的名字和所在的机构进行了修改，比如把来自普林斯顿大学这样极具声望的机构修改为来自虚构的、名声不显的机构。结果，投递的 9 篇论文中有 8 篇被拒稿了。

简·奥斯丁的小说也遭受过类似的命运。2007 年，奥斯丁纪念组织的组织者搞了一出恶作剧，他们将去掉奥斯丁名字的小说书稿交给作家经纪人和出版商，结果没有人接受，只有一个人认出了这是奥斯丁的作品。去掉了奥斯丁的光环之后，人们只把这书稿当成普通的旧式小说。不过，相反的情况有时也会发生，即对负性特质的知觉，比如自私会破坏我们对他人的印象，这也被称为魔鬼效应。关于魔鬼效应的具体内容，我们到后面再讨论。

证实偏差

人们倾向于通过自己已经知道的东西，而不是能教会自己新东西的方式来进行推理，这叫作证实偏差。从这个意义上说，从来就没有例外的规则存在，因为例外会证明规则是错误的。而实际上，这句话所说的是“例外能够检验规则”，这个说法是正确的。

确凿性原则

如果人们在所有情况下都偏爱选择 A 而非 B，那么在任何情况下我们都应该选择 A 而非 B。但事实并非如此。一项研究要求学生想象正在等待考试结果，并决定是立刻预约假期行程，还是延迟决定并等知道结果后再付定金。结果发现，那些被告知考试结果的人，无论是否通过考试，都进行了预约；那些没有被告知结果的人，虽然声称不管怎样都会进行预约，但实际上都推迟了决定。他们为什么会推迟呢？这就是确凿性原则在起作用。

概率启发式

概率启发式是一种常见错误的雅名，指的是人们往往根据自己所相信的而不是实际发生的事得出结论。看看下面的例子：

> 琳达是一名坦率漂亮的31岁单身女性，并且获得了哲学学位。在学生时期，她十分关注歧视和社会正义问题，还参加过反核示威活动。
>
> 请根据概率对下列表述进行排序，1表示最有可能，8表示最不可能。
>
> A 琳达是一名小学老师
>
> B 琳达在书店工作，并经常练习瑜伽
>
> C 琳达是一名活跃的女权主义者
>
> D 琳达是一名精神病学社会工作者
>
> E 琳达是“女性反强奸”组织的成员
>
> F 琳达是一名银行出纳员
>
> G 琳达是一名保险推销员
>
> H 琳达是一名银行出纳员和活跃的女权主义者

你会怎么排序呢？如果你的答案和最初研究中被试的答案一样，那么你会认为“琳达是一名银行出纳员”的可能性要比她“是一名银行出纳员和活跃的女权主义者”的可能性小。很显然，银行出纳员不像女权主义者，或者不以是女权主义者而著称。但是，这种推测忽略了概率原则。相反，如果告诉人们有 100 人符合他们阅读过的描述，然后询问有多少人是银行出纳员 / 女权主义银行出纳员，错误率就会有所降低。

没有使用对照组

假如你被告知药物 A 让一项研究中 79% 的被试有所好转，你会认为药物 A 非常有效吗？可能不会，因为你需要更多的信息，比如这项研究是否设置了没有服用药物的控制组以及服用安慰剂的对照组。安慰剂组指的是，被试服用一种外观跟真药一样，但实际上并没有任何药用价值的药物。

与此相关的认知错误是没有使用基础比率信息。例如，那些讲述单身母亲如何受益于福利制度的新闻报道，会有意引导人们认为实际上存在大量能受益于福利制度的单身母亲。与此相似，有些父母因为一些控制不当、有倾向性且缺乏可重复性的研究论文，把疫苗和自闭症联系在一起，从而拒绝为孩子注射流行性腮腺炎、麻疹、风疹疫苗，也是犯了这样的错误，这会带来非常严重的后果。

沉没成本错误

在当选英国首相之前，托尼·布莱尔（Tony Blair）就大胆宣布

1997 年施政纲领的第一条就是在伦敦修建千禧巨蛋。这个用于展览的巨蛋，一部分用于教育，另一部分用于娱乐。然而，这是英国工党在这一任期内最大的商业灾难项目。尽管有很多人来观看展览，从游客数量上来看，千禧巨蛋是英国最成功的旅游景点之一，但游客数量并没有达到预期的量。因此，它无法保证财务独立。越来越多的金钱源源不断地被投入其中，而这仅仅是为了让千禧巨蛋继续运营下去，访客的数量并没有显著的上升。

这是沉没成本错误的一个例子，因为已经投入了太多的资源而无法放弃这样一个项目——政府是不可能认栽并关闭项目的，毕竟这太丢脸、太令人尴尬，更何况已经花了太多钱。

登门槛效应

人们常常会被说服做出自己并不认同的决定，推销员的登门槛技术是导致这种情况的方法之一——由于人们已经同意了某些事，因此推销员便可以逐渐说服他们做更多的事。

1996 年，研究人员进行了一项研究，他们要求美国加利福尼亚州的家庭主妇在院子里竖立一个写着“成为一名更安全的司机”的标志。后来，他们和一个之前没有与这些家庭主妇接触过的团体一起，要求她们在院子里竖立另一个丑陋的驾驶安全标志。结果显示，在同意竖立第一个标志的家庭主妇中，有 75% 的人同意竖立第二个；但在另一些之前没有访问过的家庭主妇中，只有不足 20% 的人同意竖立新的标志。

人格：是什么塑造了我们的人格

“我的理论是——人并不是真的能了解他人，即便我们认为自己可以也做不到，”马丁·艾米斯的小说《他者》（*Other People*）中的人物如是说，“我们几乎从来没有真正走进过他人的内心，并把他们的想法带到这个世界上。我们只是站在洞穴狭窄的入口，划亮火柴，然后迅速地询问里面是否有人。”从心理学的角度看，使我们区别于他人的主要特点就在于人格。人格指的是一种行为或思维模式，在大多数情况和生命阶段中，它是稳定的，而且有助于区分一个人和另一个人。在人格研究领域，目前有两种主要的研究方法，其中一种方法比另一种更科学。下面，我就从比较科学的这种方法开始介绍。

特质理论

公元前 2 世纪，古罗马医生盖仑（Galen）提出了或许是世界上的第一个人格特质理论。他认为每个人体内都或多或少地含有 4 种体液，即黄胆汁、黑胆汁、黏液和血液，而这将影响人们的性格。例如，易怒、脾气急躁的人通常黄胆汁过多，忧郁的人则通常黑胆汁过多，等等。然而，从最严格的意义上说，这些并不是某种特质，也不是持久的性格特征，而只是不同的类型。现代的特质理论认为，人不是分属于不同的类型，而是具有不同程度的特征。例如，在“外倾性”这个特质上，人们表现出不同的外倾程度，而不是被分成“外倾”和“内倾”。

戈登·奥尔波特（Gordon Allport）从词典中找出了与人格相关的所有 18 000 个词汇，这是在定义核心人格特质上首次现代、科学的尝试。然后，他试图探究是否可以把某些词汇合并在一起组成一个特质，比如将“腼腆的”和“羞涩的”合并。

人格特质研究领域的下一个重要进展来自卡特尔。他使用了奥尔波特的形容词表，并对人们进行了访谈。他识别出了构成人格的16个因素，比如“冷–暖”“易受情绪影响–情绪稳定”和“害羞–大胆”。

接下来，英国心理学家汉斯·艾森克提出了一种重要的研究方法，他用因子分析识别出三种核心的人格特质，即“外倾–内倾”“神经质–稳定”和“自控–精神质”。通过问卷调查，他发现，每个人的人格都会定位在这三个连续体的某一处。例如，特别外向的人的外倾性会非常高，特别内向的人则更喜欢独自活动；极端神经质的人总是非常焦虑、忧心忡忡，情绪特别稳定的人则会非常放松；极端精神质的人会有很强的攻击性、以自我为中心和反社会倾向，自我控制力极强的人则往往善良、体贴，并遵守规则。

在艾森克对人格的研究中，很重要的一个方面是认为这些特质基于生物学，特别是脑的激活而形成。内向者具有较高的唤起水平，由“大脑皮质兴奋”唤起，因此不需要通过额外的方式来达到唤起状态；外向者唤起水平较低，需要额外的刺激才能达到最佳唤起状态。神经成像学的证据表明，当外向者看到幸福的脸庞时，其杏仁核会被激活。一些研究者还将特定的基因（5HTT）与高神经质联系在一起。

艾森克的理论得到了广泛的应用，大多数研究者认同这些特质是人格的核心。然而，这种理论已经被一个更为全面的模型取代了，这个模型就是五因素模型，又被称为“大五”人格，其中包含了艾森克发现的各种特质。

大五人格

目前，人格领域的主导模型是大五人格模型，在 20 世纪 80 年代由麦克雷（R. R. MaCrae）和科斯塔（R. T. Costa）发展起来。大五模型指出，每个人都在人格的 5 个维度上有所差异，包括神经质（即情绪稳定性）、外倾性、开放性、宜人性和尽责性，而在不同维度上的具体情况，则可以用 NEO-PI 人格量表来测量。这个量表包括一些简单的陈述，比如“我十分喜欢遇到的大多数人”，并要求人们用五点量表[①]来评定表述的准确性；还有一些配偶以及熟人可以回答的项目，比如“她有活跃的想象力”。被测试者和他们的熟人给出的评分十分相似。也有证据表明，这些特质是超越文化而存在的，当然，不同文化中的人在各个维度上的评分有所差异。例如，相比于其他文化，欧美人更加外向，宜人性较差。人们通常能够适应各种文化，那些移民到某个国家的人往往在许多方面都看起来更像当地人，比如在开放性方面。

特质理论并非没有受到过批评，但现在，这些批评不像 20 世纪 70 年代那么激烈了。当时，沃尔特·米歇尔（Walter Mischel）[②]就曾经提出，并不存在稳定的人格特质，情境对行为的预测才是最准确的。人们在派对和葬礼上的行为差异似乎能够支持这个观点，毕竟，没有人会在葬礼上放礼炮。但我们也可以认为在特定的情境下，人们可以压抑或控制展现主导人格特质的程度，从而使其行为符合社会规范。

---

① 指李克特量表。由一组陈述组成，每个陈述有“非常同意”“同意”“不一定”“不同意”“非常不同意”5 种回答，分别记为 5、4、3、2、1 分，每个人的总分就是对每道题回答所得分数的总分。——编者注

② 想了解米歇尔的更多观点，可参考其作品《棉花糖实验》，本书已由湛庐文化策划、北京联合出版公司出版。——编者注

在人的一生中，人格特质相当稳定，但也会发生一些变化。相对来讲，外倾性尤其稳定，一直到 30 岁，人在外倾方面的表现都相当一致，并且会在 50 ～ 70 岁之间稳定下来。尽责性和情绪稳定性在 20 ～ 40 岁之间逐步发展，而开放性则是在青春期发展、在老年期下降。

人们看待自己的方式会随着时间的推移而改变。多项研究表明，相比于过去的自我，人们对现在的自我的评价更为积极，这也支持了著名的心理学家和西部乡村音乐家马克·戴维斯（Mac Davis）的观察："哦，天哪！我很难做到谦逊 / 因为我在各个方面都这样完美 / 我迫不及待要去照镜子 / 因为我每天都在变得更加美丽。"确实，卡迪夫大学的一项研究表明，大学本科的女生认为自己的外表在课程结束时比课程刚开始时更有吸引力，她们也期待自己未来能比现在更有吸引力。

人们倾向于认为现在比过去更快乐，而且，超过 70 岁的老年人对现在的感受比一般人更加积极。这可能是出于以下三个原因：第一，人们无法改变过去；第二，人们更愿意从正面看待现在；第三，通过贬低过去，人们会对现在的自己感觉更加良好。

投射测验

大五人格并非唯一可用的人格测试，但它是较为有效和可信的测试之一。其他的人格测试还有很多，例如**罗夏墨迹测验**，它首次发表于 1921 年，通过让人回答印在卡片上的墨迹让他 / 她想到了什么来分析其人格。这是一个投射测验的例子，被测试者的人格会被投射到他们对刺激的回应上。刺激物是含混不清的，就像墨迹一样，因此人们的反应可能会揭示一些人格特征。

另一种投射测验是设计于 1938 年的**主题统觉测验**。在这个测验中，测验者会给被测试者展示一张张内容模棱两可的图片，并要求他们回答发生了什么、将要发生什么、图中的角色正在想什么，等等。

投射测验存在很多问题。首先，它们几乎普遍缺乏效度。一些研究发现，在投射测验中，精神病患者和学生的反应没有差异。其次，它们的信度更差，因为人们在不同测验阶段的回答差异很大。最后，由于测验的实施没有标准化的程序，因此测验者可以用他们认为合适的任何方法来实施测验，而这就导致了测验条件十分不理想。

心理动力学理论

与心理学最密切相关的一个名字是西格蒙德·弗洛伊德，确切地说，他应该是和精神分析密切相关。弗洛伊德是维也纳的一名医生，他早期的研究集中于精神障碍的神经生物学基础。通过对患有各种行为障碍的病人，尤其是歇斯底里症，即缺乏生理基础的瘫痪病人进行研究，他对精神健康和人格领域产生了极大的影响。

有一位病人为弗洛伊德的整个理论大厦奠定了基础，那就是安娜·O。弗洛伊德和他的医生同事约瑟夫·布罗伊尔（Josef Breuer）接诊了安娜·O。她患有典型的歇斯底里症，表现出语言能力丧失、肢体麻痹等症状，而且没有可识别的器质性原因。在催眠状态下，弗洛伊德发现，这些症状往往在她感到无法表达情绪时出现。而当她在催眠状态下经历这种情绪时，歇斯底里症就消失了，这代表了一种宣泄。然而，后来她并没有完全康复，并且还在症状出现时使用了吗啡，弗洛伊德显然也意识到了这一点。

安娜·O和其他病人的情况使弗洛伊德相信，人的行为是由提供“精神能量”的本能所驱动的，而本能可以由创伤性事件触发。如果这种能量不能被释放出来，人就会出现行为障碍。创伤性事件会导致强烈的情绪被隐藏起来，而实际上，引发创伤的事件和这些情绪一直深藏在人的**无意识**中。无意识控制了人们的外在行为，也可以防止创伤性事件达到意识层面，这一过程被称为“**压抑**”。

由于这些事件显然只能在催眠期间被回忆起来，因此弗洛伊德认为人的意识存在不同的水平，包括无意识、意识和前意识。其中，通过一定的努力，前意识中的事件也可以被觉察到。弗洛伊德还将人的心理划分为三种结构：

PSYCHOLOGY

本我：包含力比多的本我是完全无意识的，它是本能驱动的主要来源，目标是获得即时的满足，遵循的行事原则被称为快乐原则。

自我：自我就是人表现出来的样子，它控制、整合人们的行为，并按照现实原则运作，在本我、超我和现实要求之间进行协调。

超我：超我可以分为良心和理想自我，即个人目标和愿望的内化，它是无意识的监察者。

这三种结构的每一种都处在冲突之中——来自现实的压力、快乐原则和对目标的内化之间的冲突。冲突的结果就是妥协，超我和本我达成妥协，而这在梦境、口误和艺术中被揭示出来。

《梦的解析》、**自我防御机制**和人格的**心理动力学理论**大概是弗洛伊德最著名的三项工作。根据弗洛伊德的观点，梦境是通向无意识的捷径。梦境分为**显性梦境**和**潜性梦境**，显性梦境指梦境表面上的内容，潜性梦境则是指梦境中由无意识引发出的隐蔽信息。无意识的内容也可以通过自由联想来间接获得，具体方法是，要求人们清空大脑中的思想，并报告浮现出的任何想法或意象。

当本我的驱动与压倒一切的超我发生冲突时，人就会感到焦虑，自我就会带着一系列防御机制“登场”。以下是 6 个最重要的防御机制：

PSYCHOLOGY

压抑：将不愉快的想法排除在意识层面之外。

反向形成：将引发焦虑的想法替换为不会引发焦虑的想法。例如，如果一个人喜欢观看色情内容但他的超我不允许他享受这种愉悦，他就会变成狂热的反色情斗士。

投射：把自己不被允许的欲望归于他人。

升华：将无法被接受的欲望转化为能为社会所接纳的形式。例如，受挫的性欲可以通过艺术创作加以宣泄。

合理化：为不能被接纳的行为寻找合理的解释。

置换：将内心的冲突通过身体症状表现出来，比如病人安娜 · O 的歇斯底里症。

弗洛伊德的性心理发展理论认为，人格是通过不同的性欲阶段发展起来的。在每个性欲阶段，人们都通过身体的特定部位得到性愉悦。在这里，性愉悦泛指身体上获得的满足，不一定特指性高潮。

如果人在某个阶段的发展受到了限制，就会导致心理发展的**固着**。正常人的人格发展会经历所有阶段，不过，弗洛伊德认为大多数人都会在某个阶段发生固着。在弗洛伊德的理论中，有以下的人格发展阶段：

PSYCHOLOGY

口唇期：婴儿通过吸吮、咬、咀嚼等嘴部行为来获得性满足。在这个阶段发生固着的人可能会变得非常被动，会产生喋喋不休、吸烟和贪吃等习惯。

肛门期：儿童在 2 岁时开始享受排泄的快感，即**表现期**，然后开始享受保留它们，即**保留期**。在表现期发生固着的人会变得具有破坏性、性格冷酷，而在保留期发生固着的人则会变得吝啬。

性器期：儿童在 3 岁时开始从阴茎 / 阴蒂中获得快感。弗洛伊德用“phallus”这个词来同时指代阴茎和阴蒂。儿童将父母中的异性作为依恋的对象，并注意到父母的性角色。男孩对母亲的依恋被称为俄狄浦斯情结，女孩对父亲的依恋则被称为厄勒克特拉情结。男孩会想要取代父亲的位置，却又担心父亲会阉割或惩罚他。这种心理冲突随后会转为模仿父亲的行为，或者沉溺于展示自己的男性气质。

潜伏期：发生在性器期之后，性驱力呈现出潜伏状态，直到进入青春期。

生殖器期：性驱力可以从和异性的接触中获得宣泄。

从创造力和说服力来看，弗洛伊德的性心理发展理论是杰出的。然而，尽管孩子确实会在发展的特定阶段关注身体的某些部位，但几乎没有证据能够证明这种关注和后来的人格发展有关。

新弗洛伊德学派

弗洛伊德的研究吸引了许多追随者，其中有些人不完全同意他的观点，并发展出了不同的心理动力学理论。被弗洛伊德称为他的“王子和继承人”的卡尔·荣格，就不同意他对性和无意识结构的强调。心理动力学理论家之间相处得并不融洽，当出现争议时，他们就像麻袋里的猫一样，而结果就是他们大概需要若干年的个案材料来进行深入研究。

卡尔·荣格认为人拥有**集体无意识**，也就是从祖先那里继承下来的记忆和想法。人在集体无意识中存储了许多**原型**，即一种继承的、普遍的思维模式。

阿尔弗雷德·阿德勒也尽力降低性的地位，并转而强调自卑的重要性。他认为，在婴儿期，人只有依靠他人才能得以生存；随着不断成长，人们又会遇到在智力、身体和运动等方面比自己更有天赋的人。因此，生活就是补偿人们在自己身上所看到的缺陷的一种途径。为了获得成功，人们努力追求优越，这就是人生的主要动机。

卡伦·霍妮同样也背离了弗洛伊德对性的强调，转而重视人们对人际关系的焦虑。她认为，为了缓解焦虑，人们有三种基本策略：第一，亲近他人，即接受现状；第二，攻击他人，即反抗并变得有侵略性；第三，回避他人，即疏远并孤立自己。

埃里克·埃里克森（Erik Erikson）强调了人格发展的社会因素。他认为，人格是在整个生命周期中发展起来的，经历了一系列由于与他人互动而引起的危机，并不是主要由童年期所决定的。因此，人格是在不断发展的，“认同危机”就是埃里克森提出的。

在心理动力学理论中，一个很直接的问题就是它的可操作性。心理动力学的许多观点都不适合进行科学验证，因此也就无法被拒绝或接受。例如，本我真的存在吗？自我呢？如何证明本我促进了艺术创造？这些观点在很多时候是和科学唱反调的。如果一个人承认他有不愉快的想法，那么这是符合理论的；如果他不承认自己有不愉快的想法，那么他就是在压抑自己。关于这个问题，你可以在艾森克的《弗洛伊德帝国的衰亡》（*Decline and Fall of the Freudian Empire*）一书中找到精彩的剖析。

要点总结

1. **智力：指的是一个人学习、记忆、识别概念以及使用已掌握的信息来适应环境的能力。**
    - **流体智力和晶体智力：**流体智力指天生的能力，晶体智力指后天习得的能力，由雷蒙德·卡特尔提出；
    - **g 因子和 s 因子：**查尔斯·斯皮尔曼认为，智力建立在一般智力因素（g 因子）和成功完成特定智力测试的另一种智力因素（s 因子）之上；
    - **智力三元论：**罗伯特·斯滕伯格认为，智力由成分智力、经验智力和情境智力三部分组成；
    - **多元智能理论：**霍华德·加德纳认为，存在 7 种类型的智能，分别是语言、逻辑数学、音乐、空间、身体动觉、人际和内省智能。
2. **智力测试：世界上应用最广泛的智力测试是韦氏成人智力量表，通过测试言语智力和操作智力来测试智商。**

3. **人格：指的是一种行为或思维模式，在大多数情况和生命阶段中，它是稳定的。**

- **特质理论**：汉斯·艾森克提出三种核心的人格特质，即“外倾－内倾”“神经质－稳定”以及“自控－精神质”；
- **“大五”人格**：人们在人格的 5 个维度上有所差异，包括神经质、外倾性、开放性、宜人性和尽责性，可以用 NEO-PI 人格量表来测量；
- **投射测验**：包括罗夏墨迹测验和主题统觉测验，这种方法缺乏效度和信度，测试条件往往也不理想；
- **心理动力学理论**：弗洛伊德认为存在不同的意识水平，包括无意识、意识和前意识，并将心理划分为 3 种结构，即本我、自我、超我；
- **新弗洛伊德学派**：卡尔·荣格强调集体无意识和其中存储的原型，阿尔弗雷德·阿德勒强调自卑的重要性，卡伦·霍妮强调人们对人际关系的焦虑，埃里克·埃里克森强调人格发展的社会因素。

发展心理学

婴儿怎样感知外部世界?

母亲的行为与孩子的依恋模式有什么关系?

男孩天生喜欢蓝色，女孩天生喜欢粉色吗?

面对道德困境，人们通常会怎么选择?

婴儿是需要他人照料的。刚出生时，婴儿依赖照料者为他提供食物、保护、爱和教育。然而，婴儿也不是完全没有主动性。有证据表明，婴儿出生后很快就会开始与环境互动，同时脑快速发育，且最早发育的那些部分最先成熟。在《钟声召唤》(*Summoned by Bells*) 中，约翰·贝奇曼（John Betjeman）指出，在理性尚未萌芽时，儿童通过声音、气味和视觉探索世界。本章就将讲述这些知觉和认知上的里程碑事件。

动作和知觉发展：视觉悬崖实验

婴儿的三个重要活动是觅食、吮吸和吞咽，并且这些都是自发的反射行为。如果抚摸婴儿的脸颊，他就会转向抚摸的方向，这被称为**觅食**；如果将一个物体放在婴儿的嘴里，他就会**吮吸**；当液体进入婴儿的嘴巴，他就会做出自动**吞咽**的动作。随着与环境的互动和神经系统的成熟，婴儿的活动会变得更加有探索性、自主性和复杂性，而且这些活动会与其持续发展的知觉能力发生相互影响。

活动对视知觉能力的发展非常重要。婴儿的定向、吮吸、移动头或眼睛等动作行为能告诉我们很多信息，比如他们是如何感知外部世界的、他们为什么偏爱某类刺激、他们记住了什么等。举个例子，如果闻到喜欢的气味，婴儿会做出吞咽的动作，闻到不喜欢的气味则不会。婴儿无法告诉你为什么，因为他不会说话，但他会把头向之前见过的、充满特殊气味的东西移动。我们能精确测量婴儿的眼球运动，而这足以让我们了解他们在移动头部时端详、关注的是什么。使用这个方法，我们可以知道 1 个月大的婴儿关注的通常不是某个刺激物的细节特征，而是它的轮廓，这被称为**外部效应**。不过，该行为在 1 ～ 2 个月内就会发生变化，他们开始关注刺激的特征，这可能是因为婴儿的视觉敏锐度和区分不同类型色度的能力正在发展。在出生后第 3 周时，婴儿偏爱看格子较大的棋盘；14 周后，他们则偏爱看格子较小的棋盘。大约 3 个月大时，他们集中注意力的能力已与成人相当。尽管与刚出生时喜欢灰色相比，此时他们更喜欢彩色，但他们区分颜色的能力还是很差。不过，该能力在 2 个月后就会得到发展。

婴儿对复杂刺激的偏好逐渐发展起来。与黑白相间的椭圆形相比，他们开始偏爱看像脸的刺激物和被打乱的面孔。长到 2 岁时，儿童更喜欢自然的面孔排列，而不是无序的面孔排列。对此有两种解释：第一，他们可能是为了寻找差异进而对刺激物进行比较，如果刺激物一样，他们就开始分析这些刺激物的结构；第二，可能是因为他们具备处理人脸结构方面信息的机制，这被称为“conspec”。当前的研究倾向于支持后者，认为儿童与成年人都是通过辨别面孔各自特征之间的关系而非特定的特征来进行面孔识别的。还有证据表明，婴儿加工的是整体性的面孔。与视力正常的儿童相比，患有白内障的儿童能更好地识别照片中面孔的上半部分和下半部分是否匹配，这说明视觉上的损伤会削弱对面孔进行整体加工的能力。

知觉发展的另一个重要方面是空间识别：能感知到三维空间，并能估计距离，这被称为**深度知觉**。视觉悬崖实验极好地展现了这种认知能力。视觉悬崖是由吉布森（Gibson）和沃克（Walk）设计的一项实验，其中有一个平台，平台的一部分是结实而不透明的，但连接着一块坚固、透明的玻璃板。在玻璃板下面的地板上，有棋盘样的图案，以此营造出视觉悬崖的效果。实验中，6个月大的婴儿爬到玻璃板的边缘就不会再往前爬了，似乎是害怕会掉下去，虽然实际上那块玻璃板非常安全、结实。这说明婴儿已经发展出了双眼的深度知觉，能够用双眼感知刺激，这一特征在3岁左右时会发展成熟。同样发展迅速的还有运动深度线索。大约在出生后4周左右，当感到物体在逼近自己时，婴儿就会眨眼。这一发展与动作发展密切相关，因为头部运动有助于婴儿在环境中寻找方向。例如，有大量爬行经验的婴儿更害怕视觉悬崖。

记忆发展：你最早的记忆是什么

你能想起的最早的记忆是什么？很可能是发生在4岁之后的事，因为对4岁之前的事，人们似乎表现出了失忆症。尽管人在大约13个月时就能形成对事件的记忆，在3岁时还能回忆起去快餐店的经历或2岁时发生的事。这些事之所以没有被转换为长时记忆，可能是因为人在当时的语言能力有限，也没有发展成熟的记忆结构来促进长时记忆的产生。

为了回避儿童无法有意义地发声这个问题，心理学家设计了其他测量记忆的方法。例如，儿童会对之前见过的刺激注视更长时间，或者会重现他们见过的成年人的行为。在一项研究中，研究者让实验组中的婴儿观察一个成年人打开灯箱的行为，结果大约有三分之二的婴儿会模仿这一行为，而控制组中却没有一个人这样做。

儿童能记住的事件的数量从 20 个月时的 3 个、24 个月时的 5 个增加到 30 个月时的 8 个，这表明他们要么是记忆容量正在扩大，要么就是编码方式正在改善。此外，随着儿童的成长，他们记忆编码和记忆提取之间的时间间隔也在增加。例如，在 14 个月大时，将道具展示给儿童，一周后他们仍能回忆起该道具的使用方法。在一项研究中，研究人员在 10 天之内给 8 个月大的婴儿朗读了 3 个故事。两周之后，相比在故事中出现次数较少的词语，婴儿的注意力在出现最频繁的词语上停留的时间更长。

大约 3 ～ 4 岁时，儿童的记忆力明显提高。在得到成人的提示后，他们回忆的精准度和回忆起的事件的数量会得到更为显著的提高。在 2 岁左右时，如果儿童看到了成年人的一系列行为，一周之后他们仍能模仿出来。在 3 岁时，儿童开始模仿谈话，并能更好地用语言对事件进行编码。如果儿童能用语言描述当时的事件，他们对事件的记忆就会变得更好。在 4 岁左右，儿童开始将叙述引入回忆中，这使他们能更好地回忆起事件。

认知发展：皮亚杰的理论

对于儿童**认知发展**的过程，瑞士心理学家**让·皮亚杰**做出了最全面的描述。尽管存在一些批评，并且这些批评很多是有理有据的，但比起其他相关理论，在心理学家看待人们认知发展的方面，皮亚杰关于儿童如何发展出抽象思维能力的理论具有更大的影响力。

皮亚杰把认知看作一个逐步成熟的过程，即它会经历一些阶段。他认为儿童拥有一些认知结构，也就是理解外部世界规则的心理表征，其中有两个分别是**图式**和**概念**。图式指的是定义特定行为的规则，如抓取；概念指的是描述环境属性的规则，比如客体是什么、起什么作用、操纵它们会发生什么。图式通过与外部世界的相互作用得到发展，其中有两个过程促进了这一发展：其一是**同化**，即儿童使用新信息来适应现有的图式，比如在移动洗衣液瓶子时发出飞机起动般的噪声，这意味着儿童已将瓶子同化到飞机起飞的图式中；其二是**顺应**，即通过新的经历来改变旧的图式，比如发现一种新的动物并用正确的名称称呼它，而不是用他知道的另一个动物的名称来称呼。

根据皮亚杰的理论，儿童的认知发展经历了以下 4 个阶段：

PSYCHOLOGY

1. **感觉运动阶段（从出生到大约 2 岁）：**儿童开始意识到离开他们视线的物体并没有消失，并且会去寻找隐藏的物体；他们开始模仿他人的行为，并表现出具有符号思维的迹象，也就是用词语来指代物体。

2. **前运算阶段（大约 2 岁到六七岁）：**符号性和逻辑性思考能力增强，比如他们会用一连串的方块来代表火车。语言学习迅速，但掌握守恒概念的能力相对较差，比如看到将水从粗矮的容器中转移到细长的容器中，他们会认为细长容器里的水更多。自我中心主义增加，认为每个人都能看到他们所看到的东西，比如玩捉迷藏时，3岁的儿童可能会跑到角落，转过身闭上眼，认为这样别人就看不到他了；同样，当要求他们指出洋娃娃从自己的视角能看到什么时，儿童也会将自己看到的当作洋娃娃看到的。

3. 具体运算阶段（大约六七岁到 11 岁）：能掌握守恒的概念，并能指出几个具体的物体中哪个更大或更高，但无法对抽象的物体进行这种比较。

4. 形式运算阶段（大约 11 岁以上）：能进行抽象的推理，并能进行假设性的思考。

皮亚杰还强调了玩耍对儿童发展的重要性，认为玩耍并非没有用处，而是一种认知活动。他将玩耍称为象征性的游戏，因为在玩耍时，一个物体可以充当另一个与之不同的物体。例如，笔可以用来写字，也可以被当成梳子用来模仿梳头；鞋盒可以作为洋娃娃的浴缸；一片草叶可以被当作温度计来测量一池假想的水的温度。

皮亚杰的理论面临的挑战

虽然皮亚杰的工作激发了后续大量的研究，并且为认知发展研究提供了一个一度非常有效的框架，但当代的研究工作对他的一些结论提出了质疑。例如，当儿童对他们试图采纳其观点的当事人越来越熟悉，或者越来越容易进行换位思考时，他们的自我中心主义就会减弱。同样，3 岁大的儿童知道，当他们与对面的人分别看一张卡片的两面时，他们明白对方与自己看到的内容是不同的。如果将皮亚杰所列举的任务加以简化，儿童也可以掌握守恒的概念。例如，如果 3 ～ 5 岁的儿童看到糖在水中融化，他们会说糖没有消失，而不具备守恒概念的人则会认为糖消失了。

从更广的层面来说，皮亚杰的研究是非实验的。他的研究没有使用对照组，并且很多研究都是通过观察他自己的孩子而进行的。关于儿童认知发展四阶段的时间阶段划分的研究未能得到重复，而且在经过训练之后，儿童能够完成本应在稍后阶段才能完成的任务。这说明，儿童很早就拥有这些能力，只是这些能力在随着年龄的变化而变化。

皮亚杰低估了经验在儿童认知发展阶段中的意义。尽管一些研究表明，有些文化不适用“守恒概念直到 11 岁时才得到发展”的论断，但皮亚杰还是认为当这些认知发展阶段来临时，相应的能力就发展起来了。此外，**列夫·维果茨基**（Lev Vygotsky）认为，文化以及文化与社会环境之间的相互作用对儿童的认知发展至关重要。听到他人谈论世间百态，看到人们如何对此做出反应，会影响儿童对世界的看法。没有接触到这些信息的儿童，其认知将无法得到充分的发展，正如第 5 章中吉妮的极端案例所展示的那样。

维果茨基还认为，儿童的言语能力会影响他们的发展。皮亚杰认为，喜欢自言自语的孩子是以自我中心的和非交流的方式来使用语言的，而对他人来说，这些语言是可以理解的，这是一个“我 – 我 – 我”的意识流。即使是 7 岁大的儿童，也会用这种方式与自己谈话。但维果茨基对此有不同的看法，他认为这种说话方式能够指导儿童随后的行为。当任务比较困难时，儿童就会更多地自言自语，因为这么做能让他们注意力更集中且表现得更好。在7岁左右时，这种外显的言语逐渐变为“内部言语”，类似于成人在阅读或解决难题时使用的方法。

如果儿童是和家人、老师一起解决难题，而不是和有同样能力的同龄人一起，那么他们的思维能力就会有所提高。这种现象被维果茨基称为“**最近发展区**”或“**潜在能力区域**”，指没有他人协助就不能掌握的技能范围。这也说明，照料者通过使用一种能支持学习并适时调整的方式，能够为儿童的认知发展提供支撑。

情感和社会发展：依恋行为

儿童社会发展的重要影响因素之一是**依恋**，即儿童和照料者之间建立的能确保安全感、舒适感和爱的互动与情感联结。约翰·鲍尔比（John Bowlby）等心理学家认为，互动和情感联结的需求是天生的。从某种程度上来讲，儿童的行为都是为了引起来自父母的依恋行为。吮吸、拥抱、看、微笑和哭泣等行为既满足了儿童的生理需求，又能鼓励成年人以特定的方式做出回应。刚出生的小猴子会紧紧抓住母亲的胸部，虽然这种行为并不会发生在人类婴儿身上，但当婴儿被照料者拥抱时，他们也会依偎着照料者的身体。

20世纪70年代，**哈里·哈洛**（Harry Harlow）开展的实验证明了舒适和被保护感对婴儿的重要性。哈洛把小猴子与它们的母亲分开，并将它们关在笼子里喂养。笼子里有两个代理母亲，一个由铜丝做成、能够“分泌”牛奶，另一个内部有填充料、外部覆盖着毛巾但不会“分泌”牛奶。哈洛发现，小猴子更喜欢依附和拥抱有填充料的“母亲”，只有在寻求食物时才会移动到铜丝“母亲”那儿。与柔软材料的身体接触似乎天生就有强化效果，就像很多人类的婴儿会抓紧安全毯一样。

母亲会自发地对孩子微笑，婴儿也会以微笑来回应母亲；如果母亲没有回应，他们就会感到无趣并转身离开。大约在 3 个月大时，婴儿会对熟悉的面孔微笑，但他们会露出怎样的微笑取决于与其互动的人。例如，在回应母亲的微笑时，他们通常会扬起脸颊、张开嘴巴，并与母亲有视觉接触。同样，哭泣也是一种有效的依恋行为。孩子哭泣时，母亲往往会本能地抱起并安抚他们，因此会反向强化哭泣的行为。

当处在陌生的环境中时，婴儿会经常哭泣，因为对环境的陌生感让他们感到恐惧和压力。例如，6 ～ 12 个月大的婴儿会警惕或恐惧地对待陌生人，尤其是当陌生人是男性时，这被称为**陌生人焦虑**。不过，如果陌生人是另一个婴儿，他们就会较少感到焦虑；如果母亲对陌生人比较友好，他们的焦虑也会减少。当与母亲分离时，6 ～ 15 个月大的婴儿会表现出害怕、黏人、哭泣等反应，即**分离焦虑**。

这种普遍的焦虑也许能体现出更为具体的依恋模式。**玛丽·安斯沃思**（Mary Ainsworth）和她的同事进行了一系列实验：一开始，婴儿和母亲一起待在一个陌生的房间，然后母亲暂时离开并随后与婴儿重聚，或者是离开后让陌生人进来。在这些实验的基础上，安斯沃思描述了三种依恋类型。第一种是**安全型依恋**，这种婴儿更喜欢母亲而不是陌生人，并且在母亲离开房间后会哭泣。第二种是**反抗型依恋**，指婴儿在母亲离开房间后会哭泣，母亲回到房间时，婴儿对母亲既接近又回避，并持续哭泣或者推开母亲。第三种是**回避型依恋**，指婴儿在母亲离开时不会哭泣，母亲回来时也表现得很冷漠。其中，后两种依恋类型都是不安全感型依恋。

如果母亲能对孩子的不安迅速做出反应，就会使儿童形成安全型依恋；如果母亲太冷漠，容易使儿童形成回避型依恋；如果母亲没有耐心且更关注自己，则容易使儿童形成反抗型依恋。这些依恋模式会给人带来长期影响。例如，安全型依恋的儿童到三岁半时会变得好交际，不安全型依恋的儿童在童年阶段的后期就较难适应社会，可能表现出敌意、冲动和孤僻的行为。不过，这方面也存在一定的跨文化差异。例如，德国的儿童比美国的儿童更具回避性，因为德国的文化鼓励儿童保持独立。母亲的敏感性是安全型依恋的重要预测因素，当然，孩子和母亲同步协调的行为能力、彼此的积极情绪和彼此的协同玩耍活动也同样重要。

有时，儿童也会表现出一些情绪调节方面的问题。例如，抑郁的母亲会表现出更多的消极情绪，这一点并不令人奇怪，并且她们也较少积极回应孩子。如果母亲敌对、排斥他人，儿童就会对老师和父亲形成更强的依恋。这种情况会对儿童的适应性产生长期影响，因为家中有一些行为困扰并且缺乏正常的玩耍活动。同样，还有一些脑电图方面的证据表明，常常哭泣和从不哭泣的儿童有不同的脑活动模式——常常哭泣的儿童有更多脑右侧的活动，这与第 9 章将会讲到的脑和情绪加工模型相一致。相比于那些母亲没有患抑郁症的儿童，母亲患有抑郁症的儿童表现出较少的左侧前额叶活动；采取母乳喂养的儿童表现出较少的右侧前额叶活动；好交际的儿童则表现出更多的左侧前额叶活动。

当家庭中第二个孩子到来时，母亲的行为同样会影响第一个孩子的行为。在生下第二个孩子后，母亲往往对第一个孩子不再像之前那样热情。于是，2 岁以上的孩子就会感到缺乏安全感，进而变得具有破坏性。他们也许会和新生儿竞争，即产生手足之争，不过，这取决于年长的孩子感受到了多少安全感。有些家庭只有一个孩子，而研究表明，这样的孩子会有更高的自尊和成就动机，并且比有兄弟姐妹的孩子更听话、智力更高。

虽然依恋能够决定儿童的情感和社会发展，但儿童期的一些障碍也会严重影响他们的社会发展，这里以自闭症为例进行说明。自闭症患者的主要特征是有社交障碍，比如缺乏形成社会关系和自发与他人交往的能力；有言语障碍，如语言发展延迟、交流异常、缺乏社会交谈；表现出模式化行为和刻板行为。1943 年，自闭症第一次得到阐述，其中症状较轻的一种叫亚斯伯格症（Asperger's Disease）。自闭症患者很难感知他人的情绪，不能分辨他人眼神中的情绪，也无法与他人维持眼神交流。例如，自闭症儿童会根据帽子等外在信息而不是情绪信息来对照片进行分类。有些自闭症患者拥有特殊的能力，比如金·皮克（Kim Peek），他是电影《雨人》中达斯廷·霍夫曼（Dustin Hoffman）所扮演的角色的灵感来源，他可以记住大量信息，并能在数月之后回忆起具体的内容。目前为止，他已经记住了 8 000 本书的内容。

还有证据表明，自闭症患者无法推测他人的心智状态，即心理理论能力受损。这一点通过“错误信念任务”就能很容易测试出来：人物 A 在橱柜中放了一个物体后离开了房间；人物 B 进入房间后，将这个物体放到了不同的位置，然后离开；随后，人物 A 重新进入房间。

问被试：人物 A 会去哪里寻找物体？五六岁的孩子能够正确回答这个问题，即去橱柜中寻找，小一点的孩子则会给出错误的答案，即去人物 B 换的位置找寻；同样，自闭症患者也会回答错误。在这个任务上，失聪的儿童会比听力正常的儿童表现更差，而年龄较大的失聪者会比年龄较小的失聪者表现好。

西蒙·巴伦科恩将这种无法推测他人想法的现象称为“心盲”（mindblindness）。另一些人则认为，自闭症儿童很难将物体视为整体，他们关注的是细节，而大多数人则会更全面地加工情境和物体。

性别角色发展：女孩天生喜欢粉色吗

美国一个研究团队进行了一项富有启发性的研究，研究者拍摄、记录了参观加利福尼亚博物馆的父母与孩子在参观过程中的互动情况。该研究历时 30 个月 26 天，收集了 298 对父母和子女互动的数据。根据父母是否对展览进行介绍、讲解或引导，研究人员对这些亲子间的对话进行了评分。结果发现，相比于女儿，家长更喜欢向儿子讲解展览，这说明父母认为男孩比女孩对科学更感兴趣。

父母在塑造孩子的性别角色中起着重要的作用。父母教育子女遵守的文化规范规定了每个性别的人应该如何表现，因此，男孩会因为玩足球、玩具枪、玩具汽车和玩具卡车而得到奖赏，女孩则会因为玩洋娃娃、茶具和化妆品得到奖赏。有趣的是，家长更倾向于鼓励男孩增加运动活动，对女孩则更多的是安抚。

儿童何时开始意识到自己的性别，并遵循这些刻板印象呢？一种理论认为这一过程涉及三个阶段。

PSYCHOLOGY

第一阶段（2 ～ 3 岁）：儿童已经习得人们赋予他 / 她的性别标签（男孩 / 女孩），并将其作为自我认同的一部分。

第二阶段（3 ～ 4 岁）：儿童能从其他人那里识别出与自身性别相似的特征，并且能分辨男孩和女孩的差异。

第三阶段：儿童知道自己和他人的性别都是不变的。例如，即使装扮成另一种性别的人，他们也仍然知道自己的真实性别是什么。

有学者提出，儿童拥有关于每个性别“意味着什么”的心理表征，并使用他们所接受的信息去完善这个表征。到了 2 岁，儿童似乎更喜欢和与他们同性别的孩子玩，并且这种偏好会随着成长而成倍增强。此外，儿童也会自愿地玩那些与其性别相符的玩具。不过，虽然大多数儿童都能区别女孩和男孩玩的玩具，但他们不擅长区别与不同性别对应的活动，比如画画、玩洋娃娃、做小蛋糕和攀登、追逐、玩牛仔的区别。在一项对 2 岁孩子的研究中，8 个孩子中只有 1 个能区别出这些活动的性别差异。

有关性别的刻板印象会影响人们对性别的识别。在一项研究中，研究者给 6 个月大的婴儿穿上粉色或蓝色的衣服，并要求父母选择给他们洋娃娃、玩具火车还是玩具鱼等。结果发现，穿粉色衣服的婴儿比穿蓝色衣服的婴儿更容易得到洋娃娃，家长也对穿粉色衣服的婴儿笑得更多。

进入青春期后，个体的性别差异变得更为明显，并且这种差异不仅仅体现在身体维度上。女孩会关心自己的体重以及臀部和乳房的大小，男孩则会关心自己的身高、肌肉还有生殖器的大小，现在，甚至 8 ～ 11 岁的孩子就已经开始关心肌肉的发育了。到了 15 岁左右，女孩开始对自己的身材非常不满意。从某种程度上说，这是因为她们经常与同伴讨论彼此的身材，也常常将自己与拥有理想身材的人进行比较。此外，在青春期，女孩比男孩的抑郁程度更高。2003 年，英国格拉斯哥市医学研究理事会下属的社会和公共健康科学部进行了一项研究，发现女孩的不幸福感在显著增加。

男孩把青春期看作一个自由的时期，女孩则发现自己的行为受到了更多的限制。青春期同样也是一个试探行为边界、打破规范、与父母发生冲突和探索新事物（包括那些青少年通常应该远离的事物）的阶段。早熟的女孩更有可能饮酒、吸烟以及与年纪更大的朋友约会；而根据爱丁堡大学的一项研究，很早熟和很晚熟的男孩更有可能叛逆，更有可能被老师赶出课堂、训斥甚至被开除。较早熟的男孩往往会因为同伴饮酒而饮酒，较晚熟的男孩饮酒则通常是因为这能让他们受欢迎。不过，大多数青少年在青春期时期感到快乐和自信。

道德水平发展：如何处理道德困境

看看下面这个小故事：

一个女人身患癌症，已经奄奄一息。同镇的一名药剂师发明了一种利用镭的药，这也许可以挽救她的生命。然而，药剂师将这种药物的价格定为制作成本的10倍，这个女人的丈夫努力借钱也只能凑足药费的一半。于是，他与药剂师交涉，告诉药剂师自己妻子的生命正在快速消逝，恳请他将药卖得便宜点，或者至少能让他日后再付完全款，但药剂师拒绝了他。这个绝望的丈夫最后闯进了药剂师的店铺，为他的妻子偷取了药物。他这样做是应该的吗？

这是**劳伦斯·科尔伯格**（Lawrence Kohlberg）向10～17岁的男孩呈现的一个道德困境。基于得到的回答，他提出了个体道德推理发展所经历的三个水平。

在第一个水平，个体盲目遵守权威并回避惩罚，即**前习俗道德水平**。在上述故事中，他们只会考虑丈夫让妻子死掉是否会遭受惩罚。发展到后来，这会成为一个更加享乐主义的权衡：结果是愉快的还是不愉快的？

到了第二个水平，个体希望被认为是善良的，并意识到有很多规范行为的社会准则，即**习俗道德水平**。他们对上述例子中问题的回答是丈夫应该偷药，否则人们会认为他是无情的。这种想法随后会发展为将道德准则和法律视为维护社会秩序的手段。

在第三个水平，人们意识到道德准则是以原则为基础的，即**后习俗道德水平**。他们意识到准则是社会契约，权威可能是不可靠的，而个人权利有时也可以取代法律；学会了采用普遍的道德原则来看待问题。科尔伯格认为，并不是所有人都可以达到后习俗道德水平。

科尔伯格的这个模型也受到了一些挑战。首先，只有男孩被用作这个模型的基础。而实际上，当面临上述困境时，女性往往会在第二个水平上行事，男性则往往会在第三个水平上行事。其次，对困境措辞的简单修改，如强调监禁的可能性，就会导致更多前习俗道德水平的推理。最后，还存在文化上的差异。一项研究发现，美国人认为丈夫应该偷药，因为妻子需要活下去；日本人则认为不应该偷药，因为他们更在意生命的清白。

关于道德推理，有很多可替代的模型，其中一个是基于分配公平而建立的。在这一模型中，个体以自我为中心做出道德决策，根据自己内心的感受和观点做出决定。这种想法随后发展出公平的概念，如大家应该分享奖励。在接下来的阶段中，功绩、互惠以及基于成就进行资源分配的概念将取代公平。在第四和最后阶段（大约 10 岁或 11 岁），个体基于公正的概念做出道德决策。

有许多证据支持这一模型，但也有一些人质疑“道德发展”是否是一个有效的描述性概念，他们更倾向于对“道德”推理和“社会习俗”推理进行区分，比如在餐桌上吃饭时不要流口水就是社会习俗推理。道德推理强调结果可能对身体或心理带来伤害，社会习俗推理则由社会规范作为决策标准。

当然，道德决策也是情绪决策，存在情绪上的后果和情绪上的前因。在第 9 章，我将更详细地探讨情绪的本质，研究情绪对健康的促进和损害作用。在第 10 章，我将进一步讨论心理疾病的本质、成因及治疗。

要点总结

1. **皮亚杰的认知发展理论：**儿童的认知是一个逐步成熟的过程，会经历4个阶段，即感觉运动阶段、前运算阶段、具体运算阶段和形式运算阶段。

2. **对皮亚杰的重要反驳：**列夫·维果茨基认为，文化以及文化与社会环境之间的相互作用对儿童的认知发展至关重要。

3. 依恋行为：儿童和照料者之间能确保安全感、舒适感和爱的互动与情感联结，有3种具体的类型，即安全型依恋、反抗型依恋和回避型依恋。

4. 个体道德水平的发展：科尔伯格认为，个体的道德推理发展要经过3个水平。

   - 前习俗道德水平：盲目遵守权威并回避惩罚；
   - 习俗道德水平：希望被认为是善良的，并意识到有很多用来规范行为的社会准则；
   - 后习俗道德水平：意识到道德准则是以原则为基础的。

社会心理学

当群体中的他人与自己意见不一致时，为什么人们通常会改变态度？

为什么人们往往将自己的错误归因于环境，而将他人的错误归因于个性？

同样是特立独行的人，为什么人们对群体内部的人比群体外的人更严厉？

社会认知：对他人的印象是如何形成的

假如你准备和朋友的朋友约会，你以前没见过他，但你朋友对他的个性进行了简单的描述——他聪明、机智、勤奋、有礼貌、冷淡且坦率。你认为这次约会将会怎样？除非出现什么意外，否则这次约会很可能会十分顺利，但实际上你们可以相处得更好。为什么？因为你朋友对他个性的描述中有“冷淡”一词。

所罗门·阿希（Solomon Asch）在20世纪40年代进行的研究发现，当以类似的方式对一个假想的人物进行评价时，如果用“温暖”一词代替“冷淡”，人们就会将这个假想的人物想象得更加快乐、慷慨和利他。这个效应可以延伸到现实生活中。与被评价为“温暖”的老师相比，学生们认为“冷淡”的老师更加不合群、以自我为中心、易怒、无趣和冷酷。这个例子说明了人们如何形成对他人的印象，而我们总是很容易受其影响。例如，政治家会对竞争对手进行人身攻击、发表不合理的和无关的言论，以此来操控舆论。

阿希还发现，在对他人形成印象的过程中存在**首因效应**。例如，与被描述为“嫉妒、固执、爱挑剔、冲动、勤奋和聪明”的假想人物相比，人们认为被描述为“聪明、勤奋、冲动、爱挑剔、固执和嫉妒”的假想人物更受欢迎，而这两种描述的唯一差别就是词语的顺序。

印象形成只是社会心理学家研究的行为之一。戈登·奥尔波特将**社会心理学**定义为“对个体的思想、感情和行为如何受到实际存在的、想象中的或暗示在场的他人的影响”的研究。印象形成是社会认知的一个方面，指人对自己和他人的想法。正如上面阿希的研究所描述的，我们对他人印象的形成不仅是基于道听途说，也基于他人的外表、衣着、发型、外表吸引力、专业知识、政治倾向、口音、表达能力和年龄等许多因素。

他人对我们的印象，以及我们被告知的有关他人对自己的看法并不是无关紧要的，它们可能会给我们造成伤害。实验表明，如果告诉女性和来自不同种族的人们，他们所处的团体在某些认知任务中普遍表现较差，那么他们就会比没有被告知这些信息的被试表现更差。现在，请想象一下同样的情况发生在一个孩子身上，如果他被告知自己是无能的，那么他很可能将一事无成。只有当具有一定的韧性、厚脸皮和强大的自尊心或者完全缺乏自我意识时，人们才能不受他人对自己的看法的影响。人们很容易受负面信息影响，也很难改变给他人留下的糟糕印象，这可能是因为负面信息意味着潜在的伤害或危险。

人们将关于他人的信息存储在**图式**中。图式指的是对他人的心理表征，当将其应用于群体时则类似于刻板印象。人们会对朋友、群体（如传教士、法警）和事件（如葬礼上应作何举止）形成图式，当然，你也可能会对学者和心理学家形成图式。我现在还能回忆起写博士论文期间参加的一个工作面试。那时，我被面试组中一个人提的问题激怒了：他有一头浓密的橙色头发，身穿银色连体衣，我以为他是学生代表。后来我发现，他是英国最著名的心理学家之一。我早已形成了有关学者应该什么样、面试组成员应该怎样穿衣的图式，所以无法将这两个头衔对应到这样一个顶着爆炸头、穿着类似宇航服的人身上。当然，最后我没有得到那份工作。

刻板印象是一种心理捷径，是对某个群体重要特征的概括。有一些刻板印象是无害的，比如英国人很内敛，德国人缺乏幽默感，意大利男性常常会捏女性的臀部。人们通过社会化而不是直接的经验学习到这些刻板印象，并且刻板印象会影响人们与拥有该特征的人互动。例如，如果人们认为某个人或某个小组的成员很懒惰，那就会根据这一特征来对待他们。相应地，这个人或这个小组的成员也许会按照符合该刻板印象的方式行事，因为这就是人们对他们的期望。当然，也有些刻板印象会给他人造成伤害。美国一项研究分析了佛罗里达监狱囚犯的面部特征，并将其与他们所受刑罚的严重性相关联，结果发现，有黑人特征的人受到的判决更严厉。

有时候，可以通过**内隐联想测验**来对人们的刻板印象和偏见进行间接测量。这个测验是让人判断不同组的词语是否相匹配，并根据他们的反应速度来测量其内隐社会认知。例如，在对肥胖偏见进行测量的实验中，人们往往对“苗条的人——好”和“肥胖的人——坏”的词语配对反应较快，而对“苗条的人——坏”和“肥胖的人——好”的词语配对反应较慢。这一结果揭示了人们对肥胖人群的刻板印象和隐含的偏见——即使人们表示对他们没有任何偏见。

归因理论：我们如何评价他人的行为

在讨论如何评价别人之前，有必要简单说明一下人们是如何看待自己的。我们有强烈的自我意识，但一些社会心理学家认为每个人都有两个自我，分别是私下里的自我和展现给公众的自我。私下里的自我是指自己的想法和感觉，展现给公众的自我则是指人们喜欢扮演的自我，通常是指塑造出的一个良好的形象。降低自我意识会导致去个性化，会使人变得不受约束和冲动；在极端情况下，去个性化还可能导致放浪形骸以及对他人尊严的蔑视和践踏，就如同美军在伊拉克阿布格莱布监狱虐囚的事件所说明的那样。如果真实的自我与展现给公众的自我不一致，人们就会感到悲伤和沮丧。如果扮演的公众角色与真实的自我不相符，人们则会感到焦虑或害怕。

在有关社会认知的词典中，最受欢迎的一个词是“归因”。小说家马尔科姆·布雷德伯里（Malcolm Bradbury）写道：“社会学家可以做任何事，并称之为工作。”这一点或许也适用于社会心理学家。每个人都可以以自己的方式成为社会心理学家。我们会思考为什么人们以某种方式行事，他们的行为是否可以预测。所以，我们会认为如果对他人友好，他人也会更喜欢我们并给予回报。归因理论解释了在人们的常识中是什么因素导致了他人的行为。事实上，除了归因理论，还有许多其他的理论可以解释是什么导致了他人的行为，但本书只关注最流行的理论。

归因理论认为，人们以特定的方式行事要么是环境使然（**情境因素**），要么是个性使然（**特质因素**）。根据归因理论的一种变体，人们是根据他人行为的一致性、一贯性和特殊性这三点来将其行为归因于外部因素（情境因素）或内部因素（特质因素）。

首先，一致性行为是人们对大多数人所期望的行为。例如，人们可能不会认为借硬币给他人打电话的行为是慷慨的，因为大多数人都会这么做，这就是归因于情境因素。不过，如果有人拒绝这么做，人们会认为他很吝啬，这就是归因于特质因素。

其次，人们还会根据他人行为表现的一贯性来评价他们。如果一个人的行为表现很一致，人们会将该行为归因于特质因素。例如，有些人不论在什么时候都很兴奋，所以人们就会认为他们本身性格就很活泼。如果一个人的行为表现不一致，人们会把该行为归因于情境因素。例如，有些人有时会很兴奋，于是人们就会认为他们仅仅是在某些事情上表现得很活泼。

最后，人们会注意他人是否经常在特定情况下以某种特定的方式行事。例如，如果一个孩子只有当与他的某个朋友在一起时才会变得令人讨厌，于是你会认为这个朋友对他有不良影响，这就是归因于情境因素。相比之下，如果所有人都讨厌这个孩子，人们可能会认为他本身就很招人讨厌，这就是归因于特质因素。

正如前面讲到的那样，人在分析他人行为时似乎是有条不紊且理性的，但仍然会在判断时出错。其中一种错误是**基本归因错误**，指的是人们倾向于将他人的行为归因于特质因素。例如，看到汽车司机犯错时，人们倾向于认为他无法胜任这份工作，而不会认为他犯错是因为车后座上有个哭闹的孩子，或者是因为听到了发动机传来的令人不安的噪声，又或者是因为他不得不躲避另一辆车。

基本归因错误还可以通过 20 世纪 60 年代一个著名的实验来阐明。在实验中，研究者给被试呈现了一些学生所写的关于是否支持卡斯特罗的文章，然后要求被试对学生的态度进行评价。当告知被试作者可以自由表达观点时，他们认为支持卡斯特罗的文章的作者是真的支持卡斯特罗。然而，当明确告知被试作者的立场受到了外界限制时，他们仍然认为文章的内容就是作者想表达的内容。在这里，可能影响写作的情境因素被忽视了。

事实上，人们也可以表现得正好相反——在评判自己的行为时，人们更倾向于将其归因于情境因素。在人们眼中，自己的行为是可变的，但他人的行为是相当稳定的，这被称为**行动者 – 观察者效应**。这一效应在一项研究中得到了很好的解释。这项研究要求学生情侣解释他们争吵的原因。结果发现，在评论自己的行为时，人们往往会将争吵归因于经济困难、工作太忙等情境因素；当提到伴侣时，他们则往往会把争吵归因于伴侣的性格，比如伴侣很自私、不信守诺言等。

之所以会产生以上这样的错误归因，可能是因为人们对自己和他人行为关注的焦点是不同的。当他人做出某种行为时，人们会把焦点放在他们所做的行为上，而不会关注他们所处的情境。相对地，人们认为很了解自己，知道自己的行为是多变的，并且会因情境的变化而变化，所以会特别关注情境。

第二种判断错误是**虚假一致性效应**，指的是人们往往认为自己的观点是受到普遍认同的，并且可以被当作一种行为规范。这可能是因为人们周围都是与自己类似的人，或者是因为他们只在环境中寻找支持自己论断的证据，而不关注不支持自己论断的证据。

第三种判断错误是**自利偏差**，指的是人们倾向于将取得的重要成功归因于特质因素，将失败归因于情境因素。例如，如果在考试中表现糟糕，人们会将其归因于试题中有些题目太难，而不会归因于自己对考试内容的理解不够、缺乏相关知识或准备不足。之所以会产生这种归因错误，可能是因为人们要借此保护自己的自尊。这对抑郁症等精神疾病患者来说尤为重要。有抑郁倾向的人会将失败归因于自己缺乏能力等因素，而不会归因于运气不好或其他外部因素。

与自利偏差相关联的一种判断错误是，人们认为在一个公正的世界里，每个人都会得到自己应得的东西。于是，人们会将他人的不幸归因于那个人自身，而不是他所处的情境。例如，在极端情况下，人们会认为有些人失业、被强奸、感染艾滋病、遭受种族大屠杀都应该怪他们自己。犯这类判断错误的人往往是富裕且身处高位的人。

态度：是否与行为有必然联系

一名前警察局长夸奖防盗窗多么有效；一位上了年纪的女演员称赞某一台座椅电梯；一名富有的喜剧演员假装在一家面包店工作，为毫不知情的顾客拿面包；洁白的实验室中，一位身穿白大褂、看上去颇有地位的男性或女性试图向你推销试管中的一种白色糊状物，号称可以帮你美白牙齿。如果不考虑这些推销行为令人反感的方面，所有这些人都在努力做一些事情：希望人们对他们正在推广的产品抱有积极的态度。如果他们的专家身份和吸引人的外表能够令人信服，人们或许会真的喜欢上这个产品，因为这些人是值得信赖的。

态度指的是人们持有的一系列有关他人、事件和想法的相对持久的信念和意图，它控制着人们大部分的社会行为，并且也相对容易改变——这或许可以解释为什么人们有时会持有两种相互矛盾的态度。有时候，一次又一次地接触同一刺激能够改变人们对该刺激的态度。例如，一项研究发现，看到无意义词语的次数越多，即使是在很难看清它们的情况下，人们也会变得越发喜欢这些无意义的词语。这就是所谓的**曝光效应**。

人们的态度有时与行为完全不符。例如，在 20 世纪 30 年代进行的一项研究中，一名研究人员与一对亚洲面孔的夫妇开车横穿美国，并在途经的酒店和餐馆驻留。在他们途径的 250 家酒店和餐馆中，只有一家拒绝为这对亚洲夫妇服务。但之后，当研究人员询问这些商家是否愿意为这对亚洲夫妇提供服务时，92% 的商家表示不愿意。其他研究工作也证实了这一点：态度并不能很好地预测人们的实际行为。

目前，在解释态度和行为之间的关系方面，有一个颇受欢迎的模型，即**理性行为和计划行为理论**。该理论认为，一个人的行为意图可以通过他是否喜欢该行为、对同样喜欢该行为的他人数量的觉察以及是否拥有从事该行为所需的资源来进行预测。该理论还认为，行为必须是十分具体的。利用这个模型，一项研究准确地在 600 名英国司机中预测出了哪些人会做出愚蠢的驾驶行为。

对信息来源的看法、信息本身以及自己是什么类型的人，都可以改变人们之前对某件事持有的态度。正如前面的例子所指出的，信息来源的可信度和吸引力很重要。人们更倾向于相信医学杂志上发表的有关预防性药物的信息，而不是发表畅销小报上的相关信息。当得知获得诺贝尔奖的睡眠研究人员建议减少睡眠时，信奉 8 小时睡眠的人就会改变自己的态度。在签署请愿书等事情上，人们更可能被有吸引力的人说服。在品位方面，人们更有可能被与自己相似的人说服，但在事实方面，人们更有可能被与自己不同的人说服。相比于中等水平自尊的人，极度低自尊或极度高自尊的人更不可能被说服，但男性和女性在说服力上似乎是相同的。一个关于说服力的模型表明，人们根据对正反方优缺点进行的大量思考、劝说是否积极以及是否具有情感吸引力来改变态度。也正是因此，广告才会邀请名人加盟。

当然，并非所有人都会马上打电话订购防盗窗或座椅电梯，或者打算购买面包店推出的长棍面包和新研发的牙膏。大多数劝说是失败的，这有一定的道理。人们有抵制劝说的倾向，尤其是那些刻意的劝说，这被称为**反抗**。如果预感到有人要游说自己，人们就会更加抵触。当然，人们也可以通过打“预防针”，比如提出一个较弱的论据，从而通过反驳来加强抵制。

当然，如果一个人持有两种相反的态度或者行为与态度不一致，他就会感到焦虑，这种现象被称为**认知失调**。例如，如果你认为自己很擅长现在所做的工作，但却一年都没有得到加薪，那么你的态度和期望之间的差距就会导致失调。为了减少失调，你可能会告诉自己加薪并没有那么重要，或者会认为公司很愚蠢，低估了你真正的能力，或者会认为公司无法承受加薪，又或者会重新评价你的观点。总而言之，你要么会更努力地工作，要么会改变对工作的看法。

所有人都会经历这种失调的状态。例如，几乎每个人都有在宗教、政治或伦理方面与自己观念相反的朋友，但你们仍然是朋友。流氓销售者会为出售劣质商品的行为进行辩解，认为正是这些劣质商品让他过上了好日子，并且“没有伤害任何人”。

此外，失调也解释了一种社会现象：成本越高，人们对事物的重视程度就越高。这个规律至少能适用于昂贵的物品，如名牌服装和香水，虽然便宜的物品与它们使用的材料相同，但人们会更重视昂贵的物品。同样，即使工作或奋斗的过程并不令人愉快或者只是被强加在自己身上的，但相比于轻易获得的东西，人们仍然会认为自己为之奋斗或努力工作的东西更加重要。

服从和从众：如何影响他人

根据上一节的内容可以知道，想要改变一个人的态度，其中一种方式就是对他们施加影响。而社会影响有两个重要的过程，即**服从和从众**：服从指的是人们以不改变自己根本信念的方式行事，从众指的是人们根据已经发生变化的信念行事。那么，你会怎样让人们做你想要他们做的事呢？

关于如何影响他人，心理学家已经确定了至少三种方法，分别是讨好、互惠和多重请求。

第一种方法是讨好。很显然，如果人们喜欢你，你就更有可能让他们做你所要求的事，并且信息提供者越有吸引力，效果越好。20 世纪 60 年代的一项研究发现，与只有汽车的广告相比，如果广告中有一个极具吸引力的女性站在汽车旁边，人们就会认为该汽车速度更快、设计更好、价格更高。

第二种方法是互惠，让别人还人情是一种重要的影响他人的手段。如果有人邀请你吃饭，你也会愿意回请他；如果一家公司给你送了礼物，你就会觉得有义务听取这家公司的代表的意见。此外，随机的善意行为也会带来回报。一项研究发现，如果一个被试从其他人那里获得了一杯软饮，那么在随后的过程中，他们会从提供饮料的人那里买更多的抽奖券。

第三种方法是提出多重请求，即从小到大提出请求。在这个过程中，第一步被称为登门槛，第二步则是以退为进，让对方没有“拒绝”的理由。只需要通过一系列的小步骤，你通常就能让对方做你想要他做的事——只要最初的几步获得了成功，对方就会陷入一连串的承诺之中。

对登门槛而言，承诺非常重要。在一项有关能源消耗的心理学实验中，研究人员告诉一部分参与节能计划的参与者，他们将以登报的形式表彰参与者对该计划的支持，另一半参与者则没有被告知这些信息。在测量节能计划参与者的天然气消耗量时，研究者发现，与那些仅获得了私人承诺的人相比，那些得到了公开承诺的人消耗的天然气更少。此外，你还可以在获得承诺后改变规则。例如，相比于直接告诉对方会议将在上午 7 点开始，如果在对方同意出席会议后再告诉他会议将在上午 7 点开始，他会更有可能答应。

以退为进的方法更加大胆。在一项研究中，研究者询问人们是否愿意在青少年罪犯中心担任几周志愿者，结果没有人愿意。然而，当研究者再次提出一个更简单的请求，问他们是否愿意花几个小时的时间来帮动物园抓住附近不守规矩的人时，大约一半的人会同意，这或许是因为他们认为双方都已做出了让步。当然，只有当这两个请求都来自同一个人时才会有效。这与英国历史学家和政治家艾伦·克拉克（Alan Clark）的生活哲学遥相呼应，他总是提出最极端的例子，这样人们就会更容易被他下一个不那么极端的建议说服。

相比于以上这些方法，有一些行为的影响是很明显的，它们就是**指令**、**命令**和**指示**，人们也非常容易遵循这些影响。一位作家讲述了一则故事：一名患者拿到了一份滴耳剂，药方上写着“place in R ear”（滴在右耳），但患者将其误读为“rear”（后方）。我们不知道这位患者为什么会以为要把滴耳剂滴在耳朵后方，但这说明拥有权威的人可以影响人们。可以这么说，如果医生说滴在耳朵后方，那就一定是后方。即使是世界上最强大的人也会服从于他人。例如，在 2005 年 9 月 14 日的联合国会议上，美国总统小布什被拍到了给助手写的便条：“我觉得我需要去一趟洗手间，可以吗？”

在这方面，最经典、最著名也最臭名昭著的实例，或许就是斯坦利·米尔格拉姆（Stanley Milgram）[①]有关“服从权威”的一系列实验。

① 想了解更多服从权威实验的内容，可参考米尔格拉姆的传记《好人为什么会作恶》，本书已由湛庐文化策划、浙江人民出版社出版。——编者注

通过在当地报纸上发布学习实验的广告，米尔格拉姆招募了一些参与者。在实验中，一名中年会计作为实验者的助手（即学习者）被绑在椅子上，这是为了防止他在被电击时过度运动。被试被带到一个远离学习者的房间，那里有一台带刻度盘和按钮的设备。研究者告诉被试，只要学习者在学习实验中犯错，他们就对其进行电击。这台设备会产生 15 ～ 450 伏的电压，每次会增强 15 伏，至少被试认为是这样的。虽然受到电击非常痛苦，但被试被告知“这不会对学习者造成永久性的伤害”。设备的开关下有从“轻微电击”到“危险：严重电击”的说明。

当学习者犯错误时，研究者会命令被试进行电击。当电压达到 300 伏时，被试会听到学习者先是撞墙，然后就没有动静了。由于没有任何答案被认为是正确的，所以研究者会再次下令让被试发出电击，而学习者会再次撞墙。如果被试有所犹豫，研究者会说“请继续”；当被试再次犹豫时，研究者会说“实验要求你继续”或“你没有别的选择，必须继续”。你认为大多数被试发出的最大电压是多少？事实上，在学习者不断撞墙的情况下，大多数被试仍然发出了 450 伏的电压。当学习者和被试在同一个房间时，大约三分之一的人会服从命令发出电击，三分之一的人甚至会在发出电击时抓住学习者的手。

实验表明，普通人可能会盲目服从命令。其他研究表明，被试身着的制服也会影响他们所发出的惩罚的力度：穿着三 K 党制服的人发出的电击最多，穿着护士服的人发出的电击则较少。正如斯图尔特·萨瑟兰在其著作《非理性》中所写的：“如果制服在实验中都有如此强烈的影响，那么真正有资格穿这些制服的人所拥有的权力该有多大。”从这个意义上说，纳粹主义的死灰复燃离我们并不遥远。

米尔格拉姆发现，减少盲目服从的一种方法是拥有一名不那么听话的助手。如果助手不够顺从，被试发出的电击的数量就会减少。尽管实验是极端的，而且你可能会认为这些行为会令被试感到良心不安，但 88% 的被试都很高兴曾经参与过这项实验，并表示在实验后也不需要心理帮助。

在米尔格拉姆的实验中，被试服从了。但是，当人们从众的时候，是周围的群体确定了社会规范，而人们则是遵守了这个规范。所罗门·阿希的一系列实验证明了这一点。在实验中，阿希要求 7 ～ 9 名学生估计在屏幕上看到的线条的长度：目标线在左边，另外三个选择在右边。其实，只有一个学生是真正的被试，其他的都是研究助手，并且他们在 18 轮测试中的 12 轮给出了错误答案。当他们给出错误答案时，75% 的真正被试都听从了助手的答案：尽管这个答案一看就是错误的，但他们仍赞同这个决定，并认为可能是自己错了或者是误解了指导语。那些没有从众的人会感到不舒服。然而，只要有一个人提出异议，人们从众的可能性就会大幅下降。而且，即使这个异议是不正确的，人们从众的可能性也会降低。

人们都希望自己的态度是正确的，当有许多人不同意的时候，他们就可能会改变自己的态度；人们也喜欢受到他人的欢迎，而表达不同意见会危及这种需求，所以他们不会表达。他们也可能觉得自己属于一个团体，并且分享群体认同，于是就对该团体表示顺从。

群体：为什么人在群体中会更暴力

美国著名社会心理学家埃利奥特·阿伦森（Eliot Aronson）最有趣的一本书是《社会性动物》（*The Social Animal*），几乎每个人都享受别人的陪伴。事实上，如果不与他人接触，人就不可能成功或有效地生活。融入一个群体会给人一种认同感，让人感到舒适和安全。如果被一个群体排斥在外，人们就可能会在心理上受到伤害，并缺乏自信。正是因为这种强烈的归属感，所以群体内的人对待群体中脱离常轨的人要比对待群体外脱离常轨的人更严厉，这被称为**黑羊效应**。

实验表明，如果任务相对简单，他人的存在可以使人更加努力、更加高效地工作，这种现象被称为**社会助长**。心理学家扎伊翁茨（Zajonc）认为，这是因为他人提高了人们的唤醒水平或内驱力水平。不过，当从事困难的任务时，这种唤醒则往往会损害人们的表现。例如，如果让人进行心算或检查拼写错误，当有他人出现时，人们几乎不可能完成这些任务。一种观点认为，他人使人们产生了自我意识，使人试图让自己的真实自我与理想自我相一致。另一种观点认为，其他刺激的存在会让人分心，比如噪声提高了人们在简单任务上的表现，但是损害了人们在困难任务上的表现。

有时候，成为群体的一员会使人变得懈怠，也就是不那么努力，这就是所谓的**社会惰化**。1913 年的一项研究表明，相比于以个人身份参加拔河比赛，人们在以集体身份参加拔河比赛时付出的努力更少。如果能够被他人鉴别出付出了多少努力，人们的懈怠程度就会显著降低。在一项实验中，研究者要求被试尽可能地大声喊叫，并告诉其中一组的被试会对他们发出声音的音量进行测量，同时告诉另一组的被试将会记录个体发出声音的音量。结果发现，前者发出的音量较低。此外，不论是在东方还是在西方文化中，女性都更不容易产生懈怠。当然，如果任务非常有吸引力，而且会与外部组织进行竞争，社会懈怠就会减少。研究还表明，如果群体做出的决定无关紧要或与自己的信仰不一致，人们就会更加懈怠。因此，合作的关键在于保持较小的团队规模，让任务主题相对集中、有意义和重要，并设定一个会带来重大结果的目标。

研究表明，**群体决策**遵循一定的规则。例如，群体内的成员倾向于达成一致的观点，因此，对立、极端或新颖的观点往往会受到排斥，成员会鼓励拥有这些观点的人从众；群体内的少数人通常会屈服于大多数人；做决策时，需要群体内三分之二的多数人同意；第一立场现象普遍存在，即群体往往会做出与意见第一次转变时相一致的决定。

鼓励群体合作的一种直接方式是头脑风暴，也就是人们不停地提出尽可能多的创意。研究表明，头脑风暴会降低创造力和生产力，但如果该过程通过电子邮件完成，或者群体成员之间有较大的差异，那么头脑风暴就可以起作用。

群体决策存在明显的缺陷。如果群体倾向于冒险，那么决策就往往更加极端和冒险。相反，如果群体较为谨慎，那么决策也会非常谨慎。群体思维还有可能是非常危险的，即存在避免异议以达成共识的倾向。心理学家也正是借此来描述美国前司法部长罗伯特·肯尼迪（Robert Kennedy）决定通过入侵猪湾来推翻古巴卡斯特罗政权的事件。肯尼迪的一位顾问阿瑟·施莱辛格（Arthur Schlesinger）建议不要入侵，但他却被告知："总统已经下定决心，现在是大家尽己所能帮助他的时候了。"不过，有些总统对那些唯命是从的人的察觉力是惊人的，例如，罗纳德·里根曾写道：

> 当处于顶端位置时，任何人都有被孤立的风险。人们会告诉你你想听到的，不愿意告诉你有人没做好自己分内的工作或者做了一些妨碍组织管理的事情。没有多少人愿意说"你错了"。

为了避免打乱计划，避免被解雇或被嘲笑，或者避免被视为蠢笨的或麻烦制造者，人们往往会随波逐流。如果具备以下几点，就很可能形成群体思维：

PSYCHOLOGY

1. 团体有凝聚力；
2. 团体成员所见略同，不赞成批评，不愿意赞同其他的行动、争论的方案、观点的优缺点等；
3. 事态紧迫；
4. 领导者较为专横且观点明确。

因此，为了避免群体思维带来的不利决策，应该鼓励批评，引进群体外的不同观点，并且对群体成员进行一定的分化。

人们在一个大的群体中的行为方式是各不相同的，这甚至超过了他们在小群体中的行为差异。人群聚集往往发生在有公共活动举行时，比如足球比赛、流行音乐会、示威游行、皇室成员葬礼等。有时，人们会变得丑态百出，并引发骚乱。一些理论家认为，这是由**去个性化**

和**群体认同**所推动的。在这里，去个性化指的是身份认同的丧失，群体认同则是指具有共同兴趣的人聚集在一起实现共同目标。心理学家菲利普·津巴多（Phillip Zimbardo）[①]发现，如果女性隐藏了自己的身份，披上头巾或者让人不知道自己的真实身份，那她们的暴力程度可能会增加两倍。

群体的活跃程度取决于实际情况。例如，关于1998年世界杯的研究表明，警力越强，球迷越暴力。津巴多也是设计了臭名昭著的斯坦福监狱实验的心理学家。为了研究服从和去个性化的本质，津巴多在斯坦福大学地下室的一个模拟监狱里，让健康、聪明的年轻男性分别扮演警卫和囚犯的角色。用津巴多的话来说，实验的情况是这样的：

> 实验只进行了6天就结束了，我们不得不关闭这个模拟监狱，因为情况已经变得太可怕了。对我们或大多数实验参与者来说，在实验结束时他们已经不再是刚开始时的那个人了。在不到一周的时间里，在模拟监狱里的经历暂时毁掉了他们之前建立起的三观……我们很害怕，因为我们看到一些男孩“狱卒”把其他男孩当作卑劣的动物一样对待，享受残忍的乐趣，而那些男孩“囚犯”则成为奴隶和非人化的机器人，只想逃离这个地狱般的地方。

偏见：歧视是如何产生的

群体间的行为往往具有竞争性和“种族优越感”，即一个群体认为

① 更多内容可参考津巴多的《津巴多普通心理学》，本书已由湛庐文化策划、北京联合出版公司出版。——编者注

自己的价值优于其他群体。20 世纪 50 年代，美国一个夏令营对 11 岁的孩子进行了一系列研究。男孩被分成两组，每个组都有自己的身份。他们相互竞争，并且竞争越来越激烈。例如，他们的嘲弄和侮辱导致一个小组劫掠了对方的小屋，他们甚至在彼此之间产生了真正的仇恨。然后，实验者精心策划了一个严重的困境：水源被破坏了。两个小组只有合作才能解决这个问题。而当这种情况发生时，冲突减弱了。设计该实验的心理学家穆萨尔·谢里夫（Musar Sherif）认为，当不同团体之间有相互排斥的目标时，他们会相互竞争，这种竞争又促使彼此相互厌恶；但当这些团体有了共同的目标时，合作会降低他们对彼此的敌意。

当团体目标受挫时，成员的攻击性会增加。他们会感到愤怒，并想要发泄自己的攻击需求，这被称为**挫折–攻击假说**。相对于另一个群体，一个群体可能感到被剥夺，这就导致了攻击性行为。这或许可以解释为什么在那些原住民感到愤愤不平的群体中会爆发革命和种族暴力等冲突。剥夺也可能在个人层面上发生，例如，人们有时会将自己的地位与另一个看似得到了优待的个体相比较，进而导致抑郁和愤怒。

如果愤怒是由有关群体外部的某个人的负面观点激发的，仅仅因为他属于外部群体，人们就会产生偏见。当观点转化为行为时，偏见就变成了歧视。人们可能会对任何自己不认同的群体产生偏见，而这些群体可能会与你有所竞争，你也不是特别尊重他们。不过，最常见的偏见来源往往是种族、性别、残疾、精神疾病、国籍、性取向和年龄等。群体的成员资格激发了属于该群体的图式，以至于该群体的成员被人戴着有色眼镜看待，并被污名化。被蒙上污名的成员反过来会发展出模棱两可情境下的归因解释，即将他人所有无害的行为，甚至是积极的行为，都解释为有偏见或歧视性的。例如，他们可能会怀疑自己之所以能得到某份工作，是因为自己身上“黑人”“女人”“残疾人”等的标签。

从历史的角度来看，偏见的产生可能是因为有偏见的人个性专制：极度遵守纪律的孩子会将父母和所有权威人物理想化，忽略其弱点，进而将这种观念延伸到成年阶段。有一个模型表明，有偏见的人渴望自己所在的团体占据主导地位，拒绝平等的理念。无论是以何种方式形成，偏见往往都是在群体认为自己和另一个群体之间的地位不公正时形成的，这会导致仇恨和冲突。而事实上，群体成员感觉到的不公正可能是虚假的。例如，即使没有证据表明这种相关性确实存在，但一个群体中少数成员的行为往往会被延伸到整个群体。研究表明，人们倾向于以抽象的一般术语来谈论对其有负面认知的外部群体，却会以更积极、具体、描述性的语言来谈论内部群体。

怎样才能减少偏见呢？宣传、政府调控和教育几乎都没有用。虽然宣传、教育的内容反映了社会对人们的期望，但内部群体的态度往往是根深蒂固的，根本不接受这些。抑制刻板印象也是无效的，因为这只会使刻板印象更加深刻。真正能有效减少偏见的方法是，让人们仔细思考对他人和事物的刻板印象。一项研究表明，如果要求孩子们想象盲人或残疾儿童的生活，那么，他们会比没有被要求这么做的孩子更愿意与盲人或残疾儿童一起野餐。

直接和遭受偏见的群体接触有用吗？不一定。接触遭受偏见的群体确实能促进种族间的相互作用，建立一定的联系，但与外部群体的接触并不一定能改变种族刻板印象。通常，这种刻板印象是根深蒂固的。不过，如果内部群体的一个成员与外部群体的一个成员建立了良好的关系，可以促使其他成员更积极地看待这个外部群体，因为它们开始分享信息，从而有利于打破不合理的刻板印象。

爱与恨：什么会影响人们的攻击和帮助行为

攻击行为：进化的残留

1997 年，有 866 名美国人在工作中被谋杀，并且主要是被客户谋杀。一项在美国加利福尼亚州 8 个城市进行的研究发现，80% 的非致命攻击是由愤怒和不满的客户造成的。很多地方会发生此类恶性事件，但除非你是一名拳击手或者在军队或消防部门服务，否则所有工作场所都不像是会发生这种事件的地方。

人类的攻击性可能是一种进化残留，在远古时期，攻击他人的能力是生存和抵御攻击所必需的。人的大多数攻击行为都是物种内部行为，即攻击物种内部的成员。人们擅长通过威胁手势来传达攻击的意图，比如伸展全身、与对方保持眼神交流、缩短自己和预期受害者之间的距离，或者是做出安抚手势以避免攻击。通常，这两种手势是仪式化的，能让人适应当前的状况，不会导致实际的冲突，同时又能让竞争对手明白他们应该保持冷静。

人类的攻击性可以用极端的方式体现，比如谋杀，也可以用不温和的方式体现，比如在学校或工作场所欺凌他人。一些研究人员认为攻击有三种类型：第一类是竞争及得到社会认可的，如运动；第二类是有预谋的，如武装部队、警察和罪犯的攻击行为；第三类是最常见的冲动型攻击行为。通常，酒精和药物促成的冲动型攻击行为似乎是无端的和莫名的。研究表明，饮酒会增加人的攻击性，尤其是当攻击者被同伴怂恿时；相比之下，那些以为自己服用了酒精，但实际上只是服用了安慰剂的人并没有产生攻击性。此外，饮酒的情况也是预测员工是否会对同事进行攻击的两大因素之一，另一个因素是组织对员工的不公正待遇。温度似乎也会影响人的攻击性：美国明尼阿波利斯市的一项研究表明，攻击事件的数量在温度为25℃时达到顶峰，随后逐渐下降。

人们会因为摄入的物质而变得沮丧，或者是因为模仿他人的行为而变得具有攻击性。30多年前，由艾伯特·班杜拉（Albert Bandura）进行的一系列著名的实验发现，如果让孩子看到他人攻击娃娃，那么他就会比没有看到这种行为的孩子更有可能攻击那个娃娃。这些研究以及与之类似的研究提出了一个假设，即接触电影和电视暴力可能会使观众的暴力行为增加。然而，还没有充分的证据证明这一点。

帮助行为：不作为的恶

攻击的反面是帮助，虽然面临着限制亲社会行为的尴尬处境，但人们有相互合作的天性并且也善于合作。例如，人们可能会相信吸毒者需要康复治疗，或者需要建立更多的住所来满足他们的需求，但却反对在自己家附近兴建康复中心，或者将自己镇上的一块土地用于兴建新的庇护所。自利会侵占公共利益，但如果要实现长期目标，给予和承担往往是必要的。例如，目前存在一些有关鱼类资源枯竭的争议，但如果正常捕获，鱼类资源是可再生的。然而，这需要的是合作而不是竞争。

1964 年，在纽约市，一名叫基蒂·珍诺维斯（Kitty Genovese）的年轻女子遭到攻击，凶手杀害她的过程持续了 30 分钟。其间，她不断发出尖叫。有 38 个人听到了她的尖叫声，他们从公寓的窗户里看到她被攻击，但都没有伸出援手，甚至没有一个人打电话报警。当遭到质疑时，他们根本无法解释自己的行为。

媒体和公众都感到很愤怒：怎么会发生这样的事？我们对别人的生命这么无动于衷吗？其实并非如此。心理学家调查了这些目击者袖手旁观的原因，结果发现，正是因为有这么多人目睹了这次攻击，所以才没有人进行救助。

这之后不久，比布·拉塔内（Bibb Latané）和约翰·达利（John Darely）进行了一系列有关**旁观者介入问题**的实验，他们要求被试单独或告知被试与其他几个人同时坐在不同的房间里讨论大学生活中的个人问题。这其实是一个幌子，实际上并不存在其他的讨论者，那只是用磁带放出来的声音而已。在某一时刻，其中一个讨论者发出明显是癫痫发作的声音。你觉得谁会冲出房间去帮忙？是的，是单独的那个人。那些认为有其他人存在的人其实也做出了回应，只是回应速度要慢一些。这些人并非无动于衷，大多数人在情绪上是非常关心这个人的，这与是否应该以实际行动帮助他存在矛盾。似乎是责任扩散抑制了个人自发、及时地采取行动。

其他的一些因素也会影响人们帮助他人。例如，相对于心情不好的时候，人们在心情好的时候更有可能帮助他人；相对于赶时间的情况，人们在不匆忙的情况下更有可能帮助他人。拉塔内和达利关于旁观者介入问题的著名发现是，匆忙的人不太可能帮助遇险的人。

如果智力是有限的，那么心理学家或多或少会试图放弃界定爱情，当然，已经有人尝试过了。相反，他们专注于研究人际吸引力，比如友谊、浪漫、性关系以及可以促进、抑制或减弱吸引力的因素。尽管古话说“情人眼里出西施”，但人们确实更喜欢外表迷人的人：人们相信外表迷人的人与自己价值观一致、性格好、会婚姻美满并且事业有成。他们也可能的确如此，但这正是因为对外表的偏好让我们认为他们值得拥有这些。

吸引力的一个关键预测指标是**接近度**：人们会越来越喜欢自己不断接触到的人。在心理学实验中，即便是只有过一次简短的交流，被试也会觉得对方比没有遇到过的被试更具吸引力。当然，这可能是因为他们更了解这些被试，比如知道他们的外貌、走路方式、谈话方式等。一名研究者甚至量化了人际距离，即小于 0.5 米是亲密距离，0.5 ～ 1.25 米是私人距离，1.25 ～ 4 米是社交距离，4 ～ 8 米是陌生人距离。人们对喜欢的人注视时间更长。对于地位高的个体来说，他们是受到更长时间注视的接受者，而不会去长时间注视他人，除非是在他们试图控制自己的下属时。接近度的本质解释了为什么远距离恋爱会令人难以掌控和维系——你们的身体不仅不再靠近对方，反而还在靠近他人。

人们也倾向于喜欢那些喜欢自己的人。如果被告知有一个人喜欢自己，那么，不管该说法是否属实，人们都会觉得这个人更有吸引力。这似乎会与自尊产生相互作用。高自尊的人不会以吸引力作为相互喜欢的基础，但低自尊的人却会如此。人们也不喜欢那些开始喜欢自己但后来又变得冷漠的人，而是更喜欢那些越来越喜欢自己的人，即使他们刚开始并不喜欢自己。这可能是因为人们可以从被喜欢中获得快乐。

“异性相吸”也是一种可以被扔进心理学垃圾箱的陈词滥调。大多数研究表明，人们会被与自己相似的人吸引，包括外表、兴趣和智力等方面的相似。不匹配的人更有可能分手。两个人的态度越相似，对彼此的吸引力就越大，这也被称为“**吸引定律**”。所以，如果你和伴侣有共同喜欢的歌手、作家等，那么你们的关系一定会有一个好的开始。如果没有共同喜欢的事物，那就是悲剧的预兆。相似效应可以延伸到其他关系上，如友谊、性关系，也可以延伸到年龄、职业和种族。然而，近期的研究表明，相较于彼此之间的相似程度，现实中的伴侣与理想中浪漫的伴侣越吻合，越会带来更高的关系满意度。

对关系不满的预测因素更容易被证明。几乎每个人都会和别人有一些不令人愉快的关系。人们会因为与伴侣缺乏共同的利益或目标而变得无聊、爱挑剔、不满、愤怒和沮丧。做出的承诺越多，彼此之间的关系就越有可能延续。在《人格与社会心理学》杂志上发表的一篇研究也指出，男性的乐观主义与亲密关系成功有关：他们越乐观，亲密关系就越稳固。街头艺术家班克斯（Banksy）写道："从你遇到某人的第一刻起，你就知道离开他的原因了。"在建立关系的头几个星期中那些略显古怪、可爱的怪癖，会在几个月或几年后成为反感的源头。

促成一段成功的亲密关系的因素是个人奉献，比如相互吸引、对伴侣的义务感以及使关系破裂变得代价昂贵的外部限制，如金钱和私人问题。有可能破坏一段关系的因素是潜在同伴的可选择性、对关系失败的预期、对新生活的需要、单方面不断受到攻击的持续性争论、同伴的自恋程度以及缺少承诺。有一些办法可以解决这些问题，然而，如果关系确实失败了，它的结束就是合情合理的。一位心理学家提出了这种分手类型的阶段：首先是反省及面对伴侣的嘲笑；然后是讨论这段关系及其存在的问题，认识到它已经结束，并和朋友一起认定分手是一件正确的事；最后是"穿丧服"，双方在关系终止时表现出能被外界接受的分手形象。

在下一章中，我将进一步介绍情绪和情绪反应的性质，比如什么是情绪、情绪是否可以被定义、有多少种情绪、脑中是否存在不同系统负责加工不同的情绪、情绪的作用是什么，等等。

要点总结

1. **社会心理学**：对个体的思想、感情和行为如何受到实际存在的、想象中的或暗示在场的他人的影响的研究。
2. **内隐联想测验**：间接测量人们的刻板印象和偏见的方法，通过人们判断词语是否匹配的速度来进行测量。

3. 归因理论：解释了在人们的常识中是什么导致了他人的行为，人们认为他人的行为要么是环境使然（情境因素），要么是个性使然（特质因素）。
   - **基本归因错误**：人们倾向于将他人的行为归因于特质因素；同时，人们倾向于认为自己的行为是可变的，但他人的行为是相当稳定的，这也被称为“行动者－观察者效应”；
   - **虚假一致性效应**：人们认为自己的观点是受到普遍认可的，并且可以被当作一种行为规范；
   - **自利偏差**：人们倾向于将取得的重要成功归因于特质因素，将失败归因于情境因素。

4. **态度**：人们持有的一系列有关他人、事件和想法的相对持久的信念和意图。

5. 认知失调：如果一个人持有两种相反的态度或者行为与态度不一致，他就会感到焦虑。

6. 影响他人的两个重要过程：
   - **服从**：指人们以不改变自己根本信念的方式行事；
   - **从众**：指人们根据已经发生变化的信念行事。

7. **黑羊效应**：人在群体内部会有强烈的归属感，而这种归属感使他们对待那些群体中脱离常规的人要比对待群体外脱离常规的人更严厉。

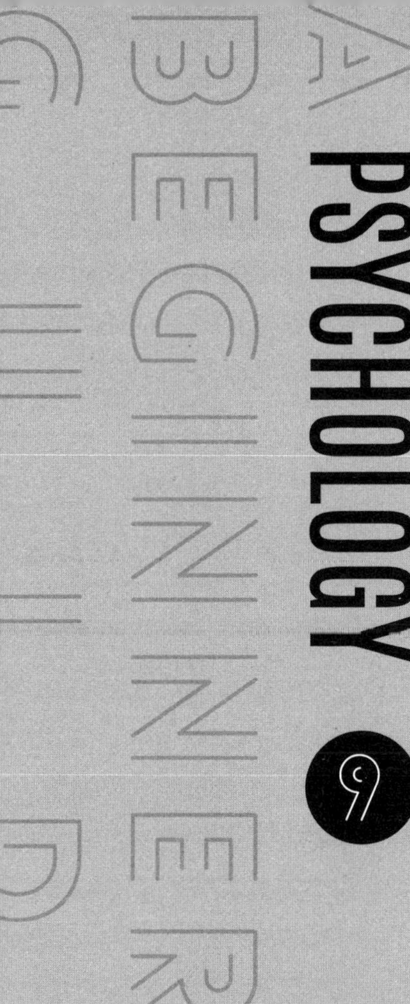

9 情绪、压力与健康

女性比男性有更多的情绪表达吗?

情绪会影响人们的行为方式吗?

怎样才能有效地应对、减轻压力?

厌食症患者的食欲会降低吗?

情绪：对激发动机的事物产生的反应

emotion（情绪）这个词来源于拉丁语，意为“煽动”或“激动”。想要对情绪进行定义，表面上看起来十分简单，但要想获得科学的定义其实非常困难。一项研究发现，英语中至少有556个词汇和短语与情绪相关。尽管存在分歧，但现在普遍认为人至少有6种基本情绪：悲伤、厌恶、快乐、惊讶、愤怒和恐惧，其他情绪都是上述基本情绪的组合。目前，对情绪进行的操作性定义①认为，情绪是对事件和人物的反应或对两者的回忆所引起的情感上的短暂变化。情绪具有动机意义，即情绪是人对激发自身动机的事物产生的反应。情绪的短暂性使它与心境（mood）相区分，因为心境通常持续的时间更长。情绪与心境在神经活动和神经递质通路上也具有不同的特征，我稍后再详细讨论这个问题。

20世纪60年代到70年代，保罗·埃克曼（Paul Ekman）和弗里森（Friesen）进行了一项跨文化研究，提出了存在6种基本、普遍的情绪。

① 根据可观察、可测量、可操作的特征来界定变量含义的方法。——编者注

19 世纪，查尔斯·达尔文也进行过类似的、较小规模的研究，他认为人存在着普遍的情绪表达，并且情绪可以遗传。埃克曼和弗里森认为，如果没受过西方文化影响的边远部落的人能够识别自己部落和部落以外的人的情绪表达，那么这将是情绪具有普遍性的证据。实际上，这就是他们的研究所发现的。在新几内亚南端部落，埃克曼和弗里森要求人们指出故事中的人物情感，结果发现，人们能依据不同的人物选出相对应的情绪。此后的研究表明，在各种文化中，包括美国、智利、巴西、阿根廷、日本和其他国家，人们对 6 种基本情绪的识别都有高度的准确性。

对于这一发现，人们意见不一，有人深信不疑，也有人完全不同意，其中有些理论家认为，面部表情就是一个例外现象。面部表情很短暂而且并不总是真实情绪的反应，它也可以用来传递非情绪信息或者用来激发情绪。例如，微笑可以表示快乐，也可以表示嘲笑。埃克曼也许会反对这一说法，因为不同的面部肌肉活动对应着不同类型的微笑。人的面部编码系统是一套复杂的程序，根据面部肌肉的微妙变化对面部表情进行分类。这些面部肌肉微妙的改变不能通过肉眼识别，只能依靠电极来记录。事实上，有两种迥然不同的微笑：一种是真诚的微笑，另一种是虚假的微笑。杜乡式的微笑，即真诚的微笑，会激活眼睛周围的眼轮匝肌和嘴角的颧骨肌肉，而虚假的微笑则只激活了嘴部肌肉。在聚会上，听众微笑的类型是判断笑话是否好笑的一个有效指标。

当然，我们还可以通过非面部的其他方式来表达情绪，比如通过肢体表达。“人如果要坐得有高贵和庄严的感觉，那就必须坐如山或如松。”13 世纪，道元禅师曾这样写道：“人类与生俱来的尊严体现在他挺直的背脊上，因为人类是万物之中唯一有直立能力的生物。”作为佛教徒，道元禅师对坐姿有偏好，因为姿势可以影响人的行为、情绪表达和情绪体验。

达尔文强调，一些特定类型的行为有进化的优势。例如，身体的动作和姿势给相同物种和不同物种的成员传达了明显的信号。他还注意到，自豪是一种更加明显的传递复杂情绪的信号之一，比如挺直脊背的姿势表明优于他人。你也能想象回荡在巴黎圣母院中的号叫声所传递的情绪是多么绝望。

2007 年，一篇发表在期刊《认知与情绪》(*Cognition & Emotion*) 上的研究显示，相较于女性，挺直脊背端坐的男性对自己的表现更满意。客体化理论[①]也许可以解释这个发现：女性对自己的体型和行为有更强的自我意识。任何关注女性身体的行为都能激发这样的自我意识，因此她们会更加在意并审视自己的形态。所以，即使女性坐姿挺拔，也未必是因为对自己满意。类似的实验也发现了同样的效应。身着泳装执行认知任务的女性比身着工作服的女性或裸露躯体的男性表现更差。

我们为什么会有情绪

人们对消极和积极感受的强化或惩罚的反应通常伴有主观感受的短暂变化，也总是伴随着自主神经系统和中枢神经系统的变化（下面会对其更加详细的描述）。这些反应是主观感受或某种动机的自发表现或者是经过处理的表现。众所周知，情绪的加工是普遍的。面部表情

① 指由于生活在性客体化的环境中，女性会内化一个第三人称的视角来看待身体自我，而不是从第一人称的角度关注不可观察到的身体属性。——编者注

可以揭示人的主观感受，因此人们努力淡化或夸张自己的情绪来隐藏真实的感受。例如，一名扑克玩家性格很严谨，他不想看到其他人获胜，但又不想被看作小气且嫉妒心强的人，所以他会夸张地祝贺获胜者，并辅以过度热情的语言和恭维的面部表情。

对情绪的夸张化或简易化被称为**调节**；对某种情绪的掩盖被称为**伪装**。当面对面交流时，人们倾向于表达出更多的情绪。通常，女性比男性有更多的情绪表达，男孩和女孩之间则没有太大的差异。当然，这取决于人们所处的文化，比如说，日本文化并不鼓励人们公开表达情绪，因此他们较少对陪伴自己的人表达情绪。

伪装的另一个作用是故意欺骗。你认为以下哪一项最有可能说明一个人在说谎？可以多选。

◎ 躲闪的目光；

◎ 不自然的姿势；

◎ 挠或摸身体的某个部位；

◎ 玩弄头发；

◎ 把手放在嘴或眼睛周围。

如果你选择了其中一个或多个选项，别担心，因为很多人都这样。根据一份警察使用的测谎手册，以上所有选项都是说谎的预测指标。然而，研究表明，以上选项没有一个能预测说谎。尽管经过特殊训练的警察、特工以及部分罪犯比没有受过训练的大众要好一些，但人们察觉说谎的能力还是很差，除非谎言非常明显。研究者通过实验发现，被试之所以会认为没有说谎的嫌疑人说了谎，凭借的往往就是上述列出的行为。再无谎言（No Lie MRI）和赛佛斯（Cephos Corporation）等美国公司也声称，根据脑活动时的差异可以辨别人是否在说谎，不过，支持这一论断的证据很少。

在对行为进行研究时，研究者通常会要求被试观看警察与犯罪嫌疑人对话的视频，并询问他们目标对象是否在说谎。许多警察对该方法提出了批评，他们认为与犯罪嫌疑人谈话是一项艰巨的任务。实际上，研究已经证明了，观看谈话视频的人比与犯罪嫌疑人面对面交谈的人更能区分犯罪嫌疑人是否在说谎。这些研究也表明，真正能预测说谎的两个最常见的指标是提高的声调和手势的减少。

尽管人们可以运用面部肌肉表达一些真实或虚假的情绪来影响他人，但有证据表明，表情本身也可以导致人们情绪的变化，这被称为**面部表情反馈假说**。达尔文曾评论说情绪表达会加剧人们的情绪，而情绪表达的抑制会导致情绪强度的降低。在一项实验中，施特拉克（Strack）和同事让被试观看漫画，并把笔像吸管一样放在嘴唇间或牙齿间。结果发现，与情绪表达没有被抑制的嘴唇组被试相比，表达被抑制的牙齿组被试觉得漫画更无趣，这说明情绪表达的失败会影响情绪的产生。

心境对行为和认知的影响

在电影《幕前幕后》（*The Larry Sanders Show*）中，编剧因为和他充满活力的新女友玩得太开心而受到了参与演出的明星和制片人的谴责，因为他的笑话越来越不幽默了，他的注意力似乎已经转向了不同的方向。而在被女友甩了以后，他的笑话又变得幽默了。艺术就好比实验室中的工作，有大量的证据表明情绪的延伸，即心境，会影响人们行为的方式。当然，有时这看上去并没有那么明显。

快乐的人倾向于有较强的社会关系和亲密关系，独处的时间较少，并且更加和蔼可亲和外向。当然，他们也会体验到糟糕的心情，不是完全不受限制的快乐。北美的一项对修女进行的研究，即美国修女衰老的纵向研究发现，积极乐观的修女活得最久。有一项本科生情绪表达研究，研究者让学生每周自我监控三次，持续一个月，最后发现积极情绪占主导地位。这一结果表明弗洛伊德有关“我们正常的精神状态是不开心的，只是会被偶然的幸福刺破”的观点可能需要修改。

令人惊讶的是，甚至一张照片都能够揭示一个人的情绪特质。哈克（Harker）和凯尔特纳（Keltner）从他们大学期间的名册中选择了一些女同学的照片，并将她们的面部表情与其日后的人格特质以及他人对其特质的评估进行相关研究。结果显示，照片中表现出积极表情的女性通常很少体验到消极心境，并拥有幸福的婚姻和更强的幸福感。

然而，积极的心情状态对认知的影响既有积极的一面，也有消极的一面。研究表明，人们的心境通常会导致和心境一致的行为。例如，待在令人不舒服的气味中会让人回忆起更多不开心的事，而待在令人愉快的气味中则会有相反的效果。发表在《生理与行为》（*Physiology and Behavior*）杂志上的一项研究发现，在快乐的心境中，人们会认为食物更甜、更令人喜欢；而在不开心的心境中，人们则会认为食物不太令人喜欢，也不太甜。伊森（Isen）及其同事的实验发现，当处于积极心境中时，人们愿意在赌博中投入较大的赌注，但仅仅是当赢的机会较大时；同时，人们在实际生活中也更有可能做出冒险的决定。通过让被试用图钉、火柴、蜡烛等将点燃的蜡烛放在门上，伊森发现积极心境对于创造性问题的解决有积极的影响。

其他的研究发现，消极心境会干扰人们找出一篇文章中的矛盾之处，这大概是因为不断涌入的不相关的想法干涉了对任务的完成。如果是这样，那么有些任务也会被积极心境干扰，因为即使是积极的想法，也可能占用你完成任务所需的脑力资源。这就是迈克·奥克斯福特（Mike Oaksford）及其同事在前瞻计划任务中测量人们的表现时所发现的。不过，在不需要资源竞争的任务中，人们的行为表现就不会受到干扰。值得注意的是，不开心或消极的心境同样能使某些类型的认知活动受益。新南威尔士大学的一项研究发现，相比于处于积极心境中的人，处于消极心境中的人在支持或反对他人时更可能说出有说服力的信息。消极心境似乎能使人们更专注，并且更加在意具体信息的加工。

情绪的生理机制和相关理论

一些神经科学家认为，如果存在独立的、基本类型的情绪，那么脑中就有不同的系统和结构来承担这样的功能。例如，悲伤与快乐相对，那它们就不太可能具有相同的神经基础。已经有一些证据支持这个观点，而且目前认为，脑中涉及情绪表达的区域有眶额皮质、脑岛和杏仁核。

区分**情绪表达**和**情绪识别**这两种加工过程是非常重要的。识别某种情绪与体验某种情绪涉及的脑区有所不同。比如说，你能识别开心的面孔，却未必非要体验开心。有证据表明，脑的右半球比左半球更擅长识别词语、照片等视觉信息和声音等听觉信息中的情绪。在这种右脑优势现象的基础上，产生了情绪加工的右脑优势假说，即认为脑右半球负责情绪加工。其实并不是这样，脑右半球确实更擅长情绪识别，但它是和脑左半球以及左半球的某些特定脑区共同参与情绪表达的。

最早对情绪机制进行科学解释的是一位美国心理学家和一位丹麦心理学家。众所周知，**詹姆斯－朗格情绪说**（James-Lange theory）认为，诱发情绪的情境会让人产生心率加快、出汗等生理反应以及握紧拳头等行为反应，然后这些生理和行为反应的信息会被反馈给脑，而对这些感觉信息进行的反馈就构成了情绪感受。然而，这个理论并没有成功，因为它揭示的机制太缓慢，例如，内脏的反应太迟钝，不能反映情绪的迅速变化。

沙克特（Schacter）和**辛格**（Singer）提出了一个不同的理论，认为情绪来源于人们对自身生理变化的知觉和对所处环境的评估。例如，如果给被试注射少量的肾上腺素，并告诉他们也许会也许不会体验到身体上的变化。然后，将他们放在一个会使其变得愤怒的情境中，或者一个观察某人愚蠢行为的场景下。如果告诉被试情绪变化是由肾上腺素引起的，那他们就会体验到较少的情绪变化。同样，如果给被试一粒假药丸，并告诉他们这种药会使人心跳加快且随后会对他们进行电击。结果会发现，服用了假药丸的人比控制组能忍受更强的电击。奇妙的是，当问到他们在实验中的想法时，服用了药丸的人并没有想到药丸，也没有考虑过药丸的作用。

其他情绪理论强调认知对情绪的重要性，比如**理查德·拉扎勒斯**（Richard Lazarus）提出的情绪模型，强调初级评估的重要性。**初级评**

估指的是人们首先会对环境中的积极或消极刺激进行评估，而**次级评估**指的是评估如何更好地应对环境。该模型在之后的版本中精细化了这些过程。例如，环境会帮助人们达到或阻碍达成目标吗，环境对人们的自尊有什么影响吗，人们会如何应对环境，人们在评价环境后采取的行动会带来什么后果，等等。

一个相似的情绪理论认为，情绪是由人们对环境和他人的行为所做的积极或消极的归因产生的。有些情绪反应是原始的而且是自动产生的，其他情绪反应则源自人们的归因。例如，如果你曾经被人攻击过，并曾和一个与攻击你的人长得很像的人待了一整晚，那么你就会对那个人做出消极归因，并体验到恐惧或愤怒。

还有一个情绪理论认为，所处的环境给人们提供了多种目标，而情绪的价值就在于按优先顺序处理这些目标。此外，也有情绪理论把情绪看作帮助人们适应环境或生存的手段，让人可以使用有限的行为技能对环境做出反应。这些理论都是具有“行为趋向”的，因为它们源于对环境的评估，并为人们应对环境做好了准备。

恐惧：杏仁核的作用

在实验室中，被研究得最多的情绪就是恐惧，因为恐惧很容易被条件化，并且与之相联系的行为是有规律且可预测的。例如，根据对啮齿动物的研究发现，脑中有两条通路负责恐惧的习得和表达。

在一个典型的经典条件作用实验中，美国的约瑟夫·勒杜（Joseph LeDoux）和同事将闪烁的光或某种声音等条件刺激与电击这一无条件刺激配对，以便让有机体学会害怕先前不害怕的灯光或声音等刺激。勒杜发现，如果切断与感觉信息加工相关的皮质到杏仁核的通路，就会影响条件反射学习行为，于是恐惧条件反射行为就不会再出现了。

该研究证实了杏仁核对理解社交类危险刺激和物理类危险刺激的重要性。杏仁核受损的动物会变得顺从，当给它们注入兴奋类药物后，它们会变得恐惧且焦虑。杏仁核受损的人无法识别恐惧情绪，有时候无法表达恐惧情绪，无法确认面孔中传达出的敌意、友好和沉思等社交或认知信息，也无法识别声音和面部表情中传达的恐惧信息，不能识别人们的糟糕情绪。不过，在识别人们所传达的积极情绪时，这些人则不会受到影响。

一些神经成像学的研究表明，人在恐惧时面部表情越强烈，杏仁核的活动就越活跃，特别是杏仁核左侧。但实际上，杏仁核参与许多行为反应，并且由多个部分构成。而且，脑成像研究也证实了，当看到积极的视觉刺激时，杏仁核同样会变得活跃。

幸福和悲伤：眶额皮质的作用

表达积极情绪和消极情绪最重要的脑区之一是眶额皮质，它位于眼眶上面的那部分区域。当人感受到令人愉悦的刺激时，比如闻让人喜爱的香草的气味或者抚摸天鹅绒手套，眶额皮质就会产生活动。有一个例子能说明眶额皮质在情绪加工中起到的重要作用，那就是 19 世纪美国一个铁路工人的故事。

菲尼亚斯·盖奇的工作是保证铁轨地势平坦。为了做到这一点，他需要将火药放入岩洞，用被布包裹住的长铁棍将火药推入岩洞深处，然后引爆火药移除巨石。1848 年 9 月 13 日，盖奇忘了用布料包裹住铁棍末端，铁棍接触火药导致了爆炸。爆炸使铁棍猛烈撞击到他左侧的脸颊，并穿过头部损伤了他的大部分左侧眶额皮质。医生到场后说，盖奇的眼球因为神经而左右晃动，但他本人神志清醒，并且令人吃惊的是，他有感觉和意识。不过，后来他的行为似乎发生了改变。在受伤之前，盖奇是一个认真、工作努力、忠实且行为端正的人。而在受伤之后，他变得邋遢、懒惰、粗鲁，并且开始喜欢饮酒和咒骂他人。据他的同事说，“他再也不是以前的盖奇了”。

如今，对眶额皮质受损后伴随出现的去抑效应已经有了较完整的记录。20 世纪 80 年代中期，安东尼奥·达马西奥（Antonio Damasio）① 和丹尼尔·特拉内（Daniel Tranel）首次描述了一位名为“EVR”的病人的行为方式。由于长了肿瘤，EVR 被移除了一部分右侧眶额皮质，他表现出与菲尼亚斯·盖奇相似的改变。在接受手术之前，EVR 是一名工作努力的会计师，婚姻幸福，并且经常去教堂做礼拜。但手术之后，他的行为与盖奇很接近。

接受过眶额皮质手术的患者都显示出相似的变化。他们感到较少受到限制，更易冲动，对他人的感受也和之前不同。鉴于眶额皮质和额叶能使人监督自己的行为举止并阻止某些行为冲动，那么眶额皮质受损带来的影响也许就可以预测了。当受损部位是右侧额叶时，患者出现社交问题的情况往往更普遍。

① 达马西奥的力作《笛卡尔的错误》《当自我来敲门》已由湛庐文化策划、北京联合出版公司出版。——编者注

对健康的人而言，左侧和右侧额叶也许分别参与了不同类型的情绪的加工。美国威斯康星大学的理查德·戴维森（Richard Davidson）及其同事在一系列脑电研究中发现，在观看传递积极情绪信息的电影片段时，人们脑左侧的脑电活动更活跃；而在观看传递消极情绪信息的电影片段时，人们脑右侧的脑电活动更活跃。甚至，根据脑电活动的基线水平，也能预测人们对这些电影片段的情绪反应。一项实验发现，脑左侧比脑右侧脑电活动基线水平高的个体，对传递积极情绪信息的电影有更积极的反应。在无任务的情况下，经过 30 分钟的单调工作后，脑左侧脑电活动程度高的个体会有更加积极的主观感受。

以上描述的脑左右两侧脑电活动的差异可以扩展到很多刺激上。当听到令人愉快的音乐时，人们会有更多的左侧脑电活动、更少的右侧脑电活动。而在听到令人不舒服的音乐时，人们则会有相反的表现。通常，认为自己更幸福的人会有更多的左侧脑电活动。

之所以会出现这种现象，可能是因为额叶负责调控人们的动机趋势，特别是接近行为与回避行为的动机。人们接近自己喜欢的事物时，会表现出更多的左侧额叶脑电活动、更少的右侧额叶脑电活动。但是，当回避不喜欢的事物时，则表现出更多的右侧额叶脑电活动、更少的左侧额叶脑电活动。

愤怒和厌恶：愤怒是一种积极情绪吗

眶额皮质也参与愤怒情绪的加工。在观察越来越愤怒的面部表情时，人们眶额皮质前扣带回这一部分和右侧眶额皮质会变得越来越活跃。眶额皮质对表达愤怒情绪的重要性也在脑电实验中得到了验证。

根据接近行为和回避行为的观点，愤怒似乎是一种消极情绪，但它使人们做出接近行为，比如用攻击行为来对抗引起愤怒的源头。一些心理学家认为，从这个意义上讲，愤怒是一种积极情绪，因为人们愤怒时会表现得很生气。一项研究发现，说自己愤怒的人左侧眶额皮质的活动会更活跃，可以说，这个发现支持了以上有关愤怒情绪本质的观点。当然，这或许只是表明了脑左右两侧能反映动机趋势的刺激加工的差异，而不是具体的情绪。

厌恶也与眶额皮质有关。除了其他脑区的活动，在观察和评价令人厌恶的图片时，人们左侧眶额皮质和杏仁核的活动会更加活跃。还有一些证据表明，运动失常的患者，即亨廷顿病患者无法识别人们面部表情中的厌恶情绪。还有研究发现，这样的厌恶情绪识别损伤会扩展到其他的消极刺激上。

压力：人们如何面对各种应激源

最初，拉扎勒斯的情绪理论是用于解释人如何应对应激源的。**应激源**是指人们感知到的能够威胁自己幸福和实现目标的能力的厌恶刺激。应激源有多种表现方式，比如工作面试，参加考试，疾病、枪伤或强奸所造成的生理创伤。应激源会导致**应激反应**，即一系列生理、行为、情感和认知方面的反应。应激反应使人通过逃离或者继续留下进行斗争的方式适应环境。20 世纪 50 年代，在奥地利出生的加拿大内分泌学家汉斯·塞里（Hans Selye）将“应激”这个词推广开来，取代了当时普遍使用的“张力”一词。“张力”这个术语来自工程学，指的是压在客观物体上并导致物体发生形状改变的力，张力是对压力引起的变化的程度进行测量的指标。

从生理的角度讲，人对应激源的反应是可以预测的，比如可以通过以下标准预测：心率、血压、肾上腺素和血糖水平的上升、重要器官的血管紧缩、血液流向主要器官、呼吸变得越来越重、消化停止、出汗量增加。这些生理反应会让人保持警觉并让身体为将要采取的行为做好准备——逃跑或者斗争。塞里通过动物进行的研究表明，面对长期应激源，有机体会产生三种应激反应，而产生应激反应的过程可以用“**一般适应综合征**”这一术语来概括。

PSYCHOLOGY

第一阶段：警觉，人们对应激源进行抵抗的能力会下降，并且会体验到“震惊”。

第二阶段：抵抗，持续面对应激源会使人在第一阶段暂时失效的功能得以恢复。

第三阶段：如果应激源依然存在，有机体就会进入消耗阶段，适应和抵抗能力会大幅下降。这个阶段对人的健康非常不利。

支持应激反应三阶段模型的证据还不是很充分，比如个体差异会影响人们对应激源的反应，有些人比其他人更具复原能力或更具韧性。但有大量研究表明，长期应激源会影响人的健康，尤其是对免疫系统和心血管系统正常功能的影响会更明显。在面对应激源的过程中，肾上腺会产生多种化学物质，比如肾上腺素，而这些化学物质的产生会使身体为将要采取的行动做好准备。同时，在面对应激源的过程中，人体也会产生一种叫皮质醇的类固醇物质，它能帮助分解蛋白质、释放葡萄糖，提供身体所需的能量，还可以将可利用的脂肪也转化为能量。然而，长期分泌皮质醇对人体是有害的，它会影响人的记忆和思维，还会使人产生生理上的变化。

应激源通过减少对抗感染的抗体水平来影响免疫系统。免疫系统的工作是保护身体免受感染，比如抵抗入侵的细菌、真菌、病毒等。抗体是识别抗原的蛋白质，抗原则是出现在入侵细菌表面的蛋白质。抗体通过联合其他细胞杀死入侵的生物体，或者通过分泌具有同样作用的化学物质来清理细菌。当抗原在免疫系统中产生过度反应时，人就会出现过敏反应。

有一种抗体被称为分泌型免疫球蛋白 A（secretory immunoglobulin A）或 sIgA。心理学家在实验室中对这种抗体进行了大量研究，因为很容易就能从唾液中提取到。如果你感觉自己的生活质量比他人低，可能就是因为 sIgA 水平较低，就好像正在经历考试压力又要去医院照顾亲戚。凯寇尔特（Kielcolt-Glaser）及其同事发现，照顾阿尔茨海默病患者的被试伤口愈合得比控制组慢。一篇研究综述发现，平均而言，照顾者的应激激素水平比非照顾者高出 23%，抗体水平则低 15%。不过，非长期应激源（急性应激源）会使免疫抗体增加，这说明一定程度的压力对人是有益的。同样，在得到的支持变化不定的情况下，就像夫妻彼此给予支持一样，急性应激源也会降低人们死亡的风险。

在面对极端的应激源时，免疫系统会妥协，人就会更有可能感染传染病。有研究证实，如果人经历了不希望出现的事件或者希望出现的事件有所减少，就会发生上呼吸道感染。还有一项特殊但又很巧妙且有效的研究：研究者让被试接触两种常见的导致感冒的病毒，以此研究病毒感染和感冒的进展与人格特质和生活环境之间的关系。在实验中，40% 的被试患了感冒，而且这些人最有可能已经承受了一个月以上的生活压力。另一项研究发现，一个人越善于社交，感冒的可能性就越小。

有多种因素可以减轻压力对人产生的影响，比如保持积极乐观的态度、恰当地处理问题、对疾病的预防等。这就如同严谨做事一样，这样的做事方式会使人有乐观的情绪，从而表现出乐观、慷慨和好奇的特质。不过，拖延症患者则恰恰相反。一些证据表明，**A 型人格**的人有较强的竞争性和敌意，也较为急躁；**B 型人格**的人则有较少的竞争性和敌意，也更有耐心。A 型人格比 B 型人格的人更容易受应激源影响。一些研究发现，A 型人格和患心血管疾病的风险上升有关。当 A 型人格的人与他人展开竞争时，他们的心率会显著升高，这也许可以说明他们为什么更容易患心血管疾病。

工作压力也会影响人的健康状况。英国政府一项针对国家公务人员和患冠心病之间关系的研究发现，人们在公共服务部门中的级别越低，就越有可能死于冠心病。一项针对瑞典员工旷工情况的研究发现，旷工率最高的男性职业是店员、检修和焊接工作，而伐木和机修工作的旷工率最低；旷工率最高的女性职业是工人、护士和秘书。在日本，人们认为一天工作超过 11 个小时就会导致过劳死，因为过度劳累会导致致命的心脏病。

失业是工作压力的一个重要预测指标。不过，一些研究表明，做讨厌的工作和失去喜欢的工作让人承受的压力是一样的。失业会导致人与外界更加疏远、缺乏组织活动和社会交往，进而使人的自尊水平降低，抑郁水平上升。

孤独也与免疫抗体水平下降有关。例如，那些说自己总是很孤单、社交网络很小的大一学生免疫抗体反应很低，而且他们体内有大量皮质醇，睡眠较差，也体验到了更多的消极情绪。

此外，长期抱怨对健康没有一点好处。2001 年发表在《心理科学》（*Psychological Science*）杂志的一项研究发现，总是对他人的行为无法释怀的人血压更高、心跳更强烈，也会感受到更多的消极情绪。相比而言，原谅和忘记似乎更有利于健康。

如果压力 / 应激反应不是由疾病导致的，那么通过心理干预的方式来应对往往是有效的。但如果压力 / 应激反应是由疾病导致的，那么心理干预就无效了。**暴露干预**方式指的是让人写下他们的应激体验，这种方法对加强免疫系统的反应有一定的效果。**问题焦点应对干预**方式是让人通过重新审视应激源的本质来解决问题。**情绪焦点应对干预**方式是直接指向对应激源的情感反应，因此，人们也许会被告知通过使用放松技术或寻求人际互动的方式来处理对应激源的情感反应。其中，人际互动等带来的社会支持是成功应对应激源的最好预测指标之一。人们也会重新评估一个威胁的程度，以使它引起的应激反应不再那么大。例如，在面对不断逼近的狮子时，人们会体验到强烈的应激反应，但在他人面前说话却不应该产生很大的应激反应。还有一种被称为**应激预防训练**的方式，旨在当应激源出现之前就阻止它带来的影响。这种方法通过使人具备必要的应对消极生活事件的技巧，来降低人们的压力 / 应激水平。

健康心理学：如何促进和维持健康

几乎每年都有相关的新闻，报道卫生部门或基本医疗护理机构拒绝对病态肥胖者或烟鬼病人进行治疗。杰米·奥利弗（Jamie Oliver）强调了英国学校重复利用孩子午饭残余物的丑闻。人们正变得越来越胖，靠吃含有猪油的食物生活，整天坐在电视前看杰丽·斯普林格（Jerry Springer）脱口秀节目的重播。这让人们从心理和身体两个方面都慢慢变得越来越差。就算政府把土地卖给房地产开发商后还有空余的地方，游戏机也比游乐园更受偏爱。

健康心理学是心理学新的分支之一，其目的是促进和维持健康，确认并预防各种致病因素，并对卫生保健和政府政策提供建议。不同于临床心理学，健康心理学重点关注身体疾病而非精神疾病。例如，健康心理学家帮助人们更好地理解吸烟和戒烟背后的动机因素，还帮助人们更好地理解体重增加和动机驱使的减肥行为的预测因素，以及与之相关的其他行为。

吸烟：一座巨大的“坟墓”

与对食物的消耗不同，人们不需要用烟草来维持生存。但是仍有人喜欢吸烟，并且不在乎烟草中的一些化学物质对身体产生的危害，以及吸烟习惯伴有的种种令人作呕和反感的问题。据估计，1950—2000年，欧盟有 2 500 万人死于由吸烟导致的各种疾病。可以说，吸烟简直就是一座巨大的坟墓！还有统计显示，欧盟大约有 35% 的男性和 25% 的女性吸烟，女性吸烟者的人数在丹麦、瑞士和英国有所下降，但在希腊、葡萄牙和西班牙有所上升。

根据 1998 年的数据报告，中国当年消耗了 16 430 亿支香烟。香烟消耗量紧随其后的国家是美国、日本、俄罗斯和印度尼西亚。有三分之一的癌症是由吸烟导致的。考虑到这些，各国政府均已采取了严厉的措施禁止吸烟，但通常只限于公共场所，比如禁止在办公室、餐厅、俱乐部等地方吸烟。1998 年的美国加利福尼亚、2004 年的爱尔兰、2006 年的苏格兰以及 2007 年英国的部分地区，都采取了在公共场所张贴禁止吸烟广告的措施。尽管加利福尼亚颁布了严厉的声明，但这些禁令并没有让餐厅和酒吧的香烟销量下降。事实上，香烟的销售额从 21 亿美元增加到了 27 亿美元。

富裕的人更有可能戒烟，缺乏良好教育的人则更有可能继续吸烟。另外，吸烟似乎也常常与一些不良的习惯联系在一起，例如，吸烟者更倾向于摄入含有较多脂肪的食物，较少摄入蔬菜和水果，缺乏运动并且大量饮酒。

是什么促使人开始吸烟的呢？对青少年来说，模仿和同伴的压力有很大的影响，尤其是后者。一项有 4 035 名参与者的研究发现，人们在从青少年期到成年期的这段时间吸烟量会增加，在 20 多岁时吸烟量会轻微地减少，但在随后的成年期就没有什么变化了。那些无法戒烟的人，他们的父母有可能是烟民或者是缺乏良好教育的人。男孩通常很快就能学会吸烟，女孩吸烟则往往与它能避免进食障碍的观点有关。一项研究发现，女性吸烟者在青春期时很可能体重超重，但在中年时则会体重过轻。

关于吸烟上瘾的说法有很多，人们常说吸烟者对烟草产生了耐受性，存在生理依赖。耐受性是指中枢神经系统需要更大的剂量来获得满足，或者产生最初的、愉悦的效果。如果没有毒品，吸毒者会感到焦虑，体验到不舒适感，产生脱瘾症状，出汗等。烟草中尼古丁这种活性药物同样也会让人产生“心理上的”耐受性。也就是说，人们之所以持续吸烟，是因为它能让人感到愉悦。尼古丁会引起中枢神经系统变化，比如刺激特定类型的神经递质受体。这些变化会使人心率加快、体温降低、激素分泌紊乱以及分泌肾上腺素。此外，还会导致人体释放一种可以极度强化行为的物质，即神经递质多巴胺。吸烟行为能够持续，是因为这些效果和戒烟所带来的症状非常强大。为了摆脱不愉快的戒烟症状，大约 60% 的吸烟者会重新开始吸烟。不过，值得注意的是，尼古丁并不是导致大多数健康问题的真凶，尼古丁与烟草中一氧化碳、焦油的组合才是，比如导致心脏缺氧。

吸烟者如何才能戒烟呢？ 1996 年，一项针对 80 位澳大利亚“吸烟专家”的调查建议，想要减少吸烟，最成功的策略按顺序排列分别为增加税收、电视宣传活动、设立无烟区和颁发广告禁令。但是，如果孤立使用这些策略也是无效的。只有把这些策略结合起来，才能有效减少吸烟。

就物理干预而言，可以使用尼古丁贴片；也可以使用口香糖，它能使尼古丁的释放逐渐减少。这两种方法对戒烟的效果几乎一样，成功率分别是 13% 和 11%。不过，当戒烟者酗酒或看到他人吸烟时，复吸就容易发生。

对于重症病患者，比如冠心病患者而言，集中强化的咨询服务对戒烟有效。在一项把 160 名患者随机分成两组的研究中，一组接受日常忠告，另一组接受强化干预，包括对住院患者进行的 30 分钟的心理辅导、一个门诊探视和电话咨询等。结果发现，后一组更有可能戒烟。对“身体健康”的烟民来说，电话咨询也能成功帮其戒烟。

饮食：肥胖和饮食障碍对健康的影响

与吸烟一样，肥胖也是一个难以解决的问题。在西方国家，肥胖的定义是：女性身体脂肪超过体重的 25%，男性身体脂肪超过体重的 18%。对肥胖的测量是通过体质指数（BMI）进行的，即用体重（以千克为单位）除以身高（以米为单位）的平方。写成公式就是：

$$\text{BMI}=\frac{\text{体重（kg）}}{\text{身高}^2\text{（m}^2\text{）}}$$

如果从医学的角度来定义肥胖，那就是一个人的 BMI 达到 30。据估计，美国大约有 60% 的成年人超重或肥胖，只有少数成年人拥有理想的 BMI，即 18.5 ～ 24.9。根据美国疾病控制中心和国家癌症研究所的报告，2000 年，大约有 112 000 人死于肥胖，并且美国政府每年都要花费约 920 亿美元用于肥胖症患者的治疗。

肥胖可以由许多习惯引起，例如觉得吃多少食物都是对的。在年轻有活力时，人们可以食用的食物数量是有一定标准的。但随着年龄的增长以及身体活力的下降，同样的饮食数量就会使体重上升。

肥胖也可以由新陈代谢引起，新陈代谢是指从营养物质转化为能量的过程。有些人消耗的热量比较低，这似乎有遗传基础，正如一位学者说过的："基因给枪装满子弹，而环境拉动枪的扳机。"在年富力强的时候，高效的新陈代谢是一个优势；在不那么年富力强的时候，不加选择地饮食则会导致肥胖。当人们不断节食和挨饿时，他们的新陈代谢会受到影响，会变得更加有效率。这意味着在挨饿期间，他们的体重减轻了。但是当节食停止，体重又会恢复。事实上，这种"减了又肥，肥了又减"的状况发生得越频繁，体重增加的速度就会越快，体重减轻的速度也会越慢，这就是所谓的溜溜球效应。

最常见的肥胖干预措施是加强身体锻炼、减少脂肪和糖分摄入以及保持实施这两项措施的意愿。最极端的干预措施是进行减肥手术，去除脂肪层，虽然这有一定的副作用，但效果明显。肥胖者还可以选择接受胃旁路手术，即将胃分成上下两部分，并将小胃与小肠连接。这个手术会使人在术后 10 年内一直持续减肥。

无论如何，只有当人有减肥的动机并设定了符合实际的目标时，减肥才会成功。研究人员甚至还设计了多种训练计划来帮助被试减到他们理想的体重，而不是减到能降低患疾病风险的体重。因此，尽管研究证明体重减轻 15% 就能降低患疾病的风险，但被试却认为无法接受，他们希望能减更多，达到 20% ～ 35%。

人们发现节食是非常困难的，尤其是在圣诞节和新年这样的假期。如果主动监控自己吃了什么，人们就能限制自己的食物摄入量。如果接受来自研究者的书面和电话帮助，人们就会减肥更加成功。起初，人们想要持续减肥是成功的，他们将减掉体重的 9%。可一旦停止了干预计划，人们会增加多达三分之一以上的体重。局部控制有助于防止这一点，正如坚持身体锻炼的方法那样。研究表明，在家锻炼的人比那些去健身房的人更容易减肥。

当然，在与饮食相关的情况中，肥胖并不是唯一会损害身体和心理健康的因素。其他如神经性厌食症和神经性贪食症等饮食障碍，也会对人的健康产生严重的影响。虽然厌食症听起来是食欲不振的意思，但这种疾病的特点其实是进食减少而非食欲降低，厌食症患者的食欲并没有问题。约有 0.5% ～ 1% 的人受到厌食症影响，且主要是年轻女性，但年轻男性患厌食症的人数也在增加。神经性厌食症患者非常关注食物和进食的准备工作，并极度害怕变得肥胖。他们总是低估自己的体形和体重，并对身体情况有极端扭曲的看法。神经性贪食症患者会定期大吃大喝，吃高热量的食物，有些人还会伴随着呕吐或清肠。他们对食物的关注少于厌食症患者，但却很沉迷于身体形象。神经性贪食症患者的数量占总人口的 1% ～ 3%，但来自英国、美国和荷兰的数据表明，这一疾病的发病率呈下降趋势。

对身材的不满是产生饮食障碍的一个重要危险因素。在这一点上，年轻女性的数量显著多于中年女性。在前面关于情绪的内容中有这样的描述：自我客体化理论认为，大多数西方文化都把女性的身材作为一个被观察和被评估的生命体。女性也倾向关注自己的外表，并依据他人，特别是男性的评价来对自己的外表做出评价。如果身材没有达到理想中的标准，女性就会对自己的身材表示不满。这种对身材的过度关注增加了女性的焦虑感，并使她们对自己的身材感到羞耻。最终，对身材的过度关注会导致饮食障碍、焦虑和性功能障碍。

有一些实验证据已经证明，年轻女性过于关注自己的外表和他人如何看待自己。澳大利亚一项涉及322名20～84岁的女性的研究发现，虽然对身材的不满贯穿女性的一生，但自我客体化、习惯性地关注身材、对外表感到焦虑和存在饮食障碍这些特征在年轻的样本中最显著，而且会随着年龄的增长而减弱。

造成女性对身材不满的另一个原因是媒体。苗条的女性被描述为一种典范：她们健康、美丽，吸引着最有欲望的男性。当一名女性看到媒体报道中其他女性的苗条形象时，她所表现出来的负面印象比看到一个普通体形的女性更大。尤其是当看到19岁以下的女性时，她们会更加关注这位女性的体重。患有饮食障碍的女性说，在看到有普通体形的模特的杂志广告时，她们对自己身材的焦虑会降低。

肥胖之所以在发达国家这么常见，可能是因为人们久坐的生活方式和缺乏体育锻炼。经常锻炼的人似乎寿命更长，患心血管疾病的风险较小，具有较少的身体脂肪，并且不容易受压力影响。从某种程度上来说，即使是散步也能防止人们较早地进入坟墓。一项对61～80岁的非吸烟者的研究发现，在12年内，每周步行20千米的人中有21.5%的人离世，但没有步行的人中则有43%的人离世。此外，散步也有利于降低冠心病发病率。

有益于心脏功能的体育锻炼是有氧运动，比如跑步、散步、骑脚踏车和游泳，这些运动能加强血液流动和呼吸，起到强化心肺功能的作用。有证据显示，有氧运动也可以帮助人们更好地应对压力，减轻消极情绪和焦虑。不过，具体效果可能要取决于运动的强度。有氧舞蹈和球类运动可以改善情绪，但网球和保龄球除外。一项针对 20 ～ 25 岁的人的研究发现，10 分钟有力的自主运动就足以改善人的心境，20 分钟以上则不会再有进一步的改善。然而，在另一项研究中，研究者要求 24 岁的学生在跑步机上跑步并完成一定的任务，跑步速度和任务的负荷逐渐增加。该研究发现，人们的唤醒程度在一开始提高很快；随着任务变得越来越难，唤醒程度会进一步提高以应对消极情绪。不过，积极情绪的增加在停止跑步 1 分钟后就停止了。

酒精：对社交、认知和运动能力的影响

在本书描述的所有药物中，最广泛使用和滥用的就是酒精。滥用是指消耗的酒精会威胁酗酒者或他人的安全和幸福。酗酒可以描述为对乙醇的依赖和成瘾，男性酗酒者远多于女性。乙醇是酒精中的化学物质，会影响人的中枢神经系统，并易导致肝硬化、营养不良、性功能障碍、认知功能损伤、焦虑增加、易怒、攻击性强等问题，更普遍的是导致与他人的关系破裂、工作能力下降和旷工。

酒精会抑制神经活动，使正常的行为被抑制。无论是从社交、认知还是运动功能的角度来说，酒精都会使人变得更加随意、语言含糊不清、动作失去协调性。酒精很快就能被血液吸收，但它产生的影响与人的体重、肌肉质量以及是否饱腹有关。肝脏以恒定的速率代谢酒精，但当血液中的酒精含量达到 0.3% ～ 0.4% 时，人就会失去意识。不过，有些证据证明，适量的饮酒也可能会产生保护作用，比如预防冠心病。

人们学会饮酒和学会吸烟是一样的，即通过模仿和因为来自同伴的压力。对年轻人而言，饮酒会让他们表现出成熟、独立或叛逆、快

乐的特点；对成年人而言，人们的日常生活和心境都会影响到酒精的摄入。经历的消极体验越多，人们就越容易饮酒，并且更倾向于独自饮酒。

在本章中，我介绍了可以直接影响身体健康和间接影响心理健康的一些生理和心理因素。下一章，则要介绍一下当心理健康完全受损时人们会怎样。

要点总结

1. **调节**：对情绪的夸张化或简易化。

2. **伪装**：对某种情绪的掩盖。

3. **面部表情反馈假说**：指表情本身可以导致人们情绪的变化。

4. **情绪理论**：
   - **詹姆斯－朗格情绪说**：诱发情绪的情境会让人产生心率上升、出汗等生理反应以及握紧拳头等行为反应，然后这些信息会被反馈给脑，而对这些感觉信息进行的反馈就构成了情绪感受；
   - **沙克特和辛格的理论**：情绪来源于人们对自身生理变化的知觉和对所处环境的评估；
   - **拉扎勒斯情绪模型**：强调初级评估的重要性，即人们首先会对环境中的积极或消极刺激进行评估；
   - **其他理论**：有的理论认为，情绪是由人们对环境和他人的行为所做的积极或消极的归因导致的。

5. **应激源**：人们感知到的能够威胁自己幸福和实现目标的能力的厌恶刺激。

6. **应激反应：**指一系列生理、行为、情感和认知方面的反应，使人以逃离或者继续留下进行斗争的方式适应环境。

7. 对压力的心理干预方式：
    - 暴露干预：让人写下与压力有关的体验；
    - 问题焦点应对干预：让人重新审视压力问题的本质；
    - 情绪焦点应对干预：直接指向对压力的情感反应。

8. **健康心理学：**目的是促进和维持健康，确定并预防各种致病因素，并对卫生保健和政府政策提供建议。它不同于临床心理学，重点关注身体疾病而非精神疾病。

10

变态心理学：心理疾病

“变态心理学”中的“变态”是什么意思？

精神分裂症患者会表现出多重人格吗？

精神分裂症患者能够痊愈吗？

患有心理疾病是否可以只依靠心理治疗？

对心理疾病的偏见和误解

1998年，在“欧洲脑日”(European Brain Day)发布的一项调查发现，61%的人认为神经性厌食症和神经性贪食症都是心病，92%的人认为这些疾病是可以治愈的，并且认为得这些疾病的患者都是自找的；几乎有一半的人认为抑郁症是可以避免的，并且认为抑郁症也是心病。

不幸的是，对于研究心理健康的心理学分支，那些不直接受心理问题影响的人和没有学习、研究过该领域的人往往会有所误解。虽然在消除人们对心理疾病的偏见方面已经有了很多值得称赞的尝试，比如斯蒂芬·弗赖伊（Stephen Fry）拍摄了有关双相情感障碍的BBC纪录片，刘易斯·沃尔珀特（Lewis Wolpert）和凯·杰米森（Kay Jamison）[①]分别出版了有关抑郁症和躁郁症的自传性书籍，但这种偏见仍然存在。而之所以会形成这种难堪的局面，正是因为人们对心理疾病的本质尚不了解。

---

① 杰米森的《躁郁之心》(上、下)已由湛庐文化策划、浙江人民出版社出版。——编者注

关于心理疾病的性质，诊断医生、精神病医生和心理学家发布了许多令人费解的声明，但这通常无法为人们理解心理疾病提供帮助。人们往往盲目地将异常行为归为心理疾病，但实际上，心理疾病并不是以一个“清晰”的形式出现的，而且许多心理疾病是多种形式共存的。

一些研究表明，即使有些人并不是心理疾病患者，但只要被贴上心理疾病患者的标签，就会受到歧视。在 20 世纪 70 年代开展的一项研究中，研究者让一组精神分析学家看一段有关一名男性的录像，并告知其中一半的精神分析学家这名男性是一位求职者，而告知另一半人他是一位病人。结果发现，那些被告知该男性是一位病人的精神分析学家普遍评价他看起来很不安，也不太能适应周遭的环境。给人贴标签还有一个问题：标签本身不能解释出现心理疾病的原因，而只能对心理疾病进行描述。

人们对特定的心理疾病也存在误解。例如，很多人认为抑郁症就是情绪低落或处于一种伤心的心境，但实际上，它是一种让人意志持续衰弱的疾病，会让人失去对生活的欲望。劝告一位抑郁症患者振作起来是没有意义的，因为他并不蠢，也并非没有生活能力，而是陷入了一种绝望、不安和无助的束缚中。这种状态往往是由一次重大的创伤性事件或一系列创伤性事件引起的，但有时也可能由根本无法辨认的外部原因引起。正如克莱夫·詹姆斯（Clive James）所说的：

> 人们能够感受到幸福，也能感受到痛苦，这是因为痛苦独立于幸福而存在。如果你让爱的人感到悲痛，那么即使你告诉他现在世界上正有成千上万的人死于暴力的魔爪之下，他也不会因此

而感到自己的痛苦有所减轻。事实上，痛苦是另一种形式的暴力。
说服一个人脱离悲伤是很困难的。

变态心理学是一个涉及心理疾病的诊断、理解和治疗的心理学分支。“变态”这个词可能会使一些评论家感到不舒服，但它其实仅仅是指对常态的极端偏离。从这个意义上说，史蒂芬·霍金、J. K. 罗琳、保罗·麦卡特尼和理查德·范曼（Richard Feynman）[①]等人也是异常的。然而，目前的观点是，判断是否患有心理疾病并非取决于行为是否偏离常态，而是取决于行为是否存在适应障碍并妨碍了人们的正常生活。**心理疾病**是由认知、环境、遗传或生物基础等因素引起的思想、情绪方面的紊乱或行为的反常。有些心理疾病是对事件的反应，有些则涉及遗传因素或神经递质功能失调等更复杂的病因或“病因学”。心理疾病其实很常见，并且在人群中分布广泛。其中，抑郁症是最常被确诊的心理疾病之一。根据美国国家心理健康研究所的报告，约有 2 620 万美国人患有可诊断的心理疾病。

虽然治疗心理疾病的方式并不是唯一的，但其主导的治疗模型是医学模式。医学模式将心理疾病视为脑和神经系统障碍，认为许多心理疾病都可以像身体疾病一样进行治疗。例如，对于精神分裂症和抑郁症患者，在对其进行心理治疗的同时，也要进行药物治疗。然而，其他许多心理疾病似乎没有明确的生理原因。对这些心理疾病，有不同的解释，涉及家庭关系或由于对环境事件不正确的感知而产生的不适应想法。**医学模型**的一个修正理论也表明，由于遗传和早期经验，有

① 美籍犹太裔物理学家，1965 年获得诺贝尔物理学奖。——编者注

些人具备发展为心理疾病的先天基础，但其发生需要环境来激发。这一解释也被称为**遗传 – 环境模型**。

心理疾病的分类

关于心理疾病的分类，有两套体系，分别是美国精神病学会的《精神障碍诊断与统计手册》第 4 版（DSM-IV）[①]和世界卫生组织的《国际疾病分类》第 10 版。这两套分类体系基本上可以被看作详细的心理障碍诊断手册。其中，由于前者主要集中在心理疾病方面，因此使用更广泛。DSM-IV 列出了 350 种可能出现在不同文化中的心理疾病以及 25 种只在特定文化中出现的心理疾病，并通过 5 个轴来描述人们的心理状况。轴 1 描述了重要的临床症状，比如物质滥用、精神分裂症、焦虑障碍、情绪障碍、睡眠障碍、性功能障碍和饮食障碍等；轴 2 描述了反社会人格、自恋人格等人格障碍；轴 3 至轴 5 描述了个人生活和发展方面的情况，比如去年经历的压力的程度、社会和职业功能以及身体健康等；轴 5 测量某种心理障碍是否已经影响到一个人的生活质量，以百分制的整体评估功能量表来测量，100 分代表对个体无影响，10 分则代表这种心理障碍会对个体造成伤害。

一些像托马斯·萨斯（Thomas Szasz）这样的批评家声称，这种分类给人们带来的坏处比益处更大，认为标签化减轻了人们的责任，将所有责任都推给了医生。关于这个话题，萨斯有一篇非常著名的文章——《心理疾病的神话》（*The Myth of Mental Illness*）。甚至 DSM 的

① 目前，DSM 已经出版了第 5 版。——编者注

支持者都承认，DSM-IV 对异常行为的特征更加夸大了，将奇怪或古怪行为都标记为偏离或异常。例如，在 DSM-III 中，睡眠障碍没有被列入心理障碍，但在 DSM-IV 中，睡眠障碍被确认为心理障碍。就如某个评论家尖锐指出的那样，DSM-IV 的出版让那些曾经没有被确诊为患有心理疾病的人，一夜之间变成了心理疾病患者。

在 DSM 中，还包含着另外的“一揽子”分类，被称作“没有指定说明的性功能障碍”，这是对手册中未被描述的其他心理障碍的统称。

4 种最主要的心理疾病疗法

心理疾病治疗的历史并不光彩。许多治疗心理疾病的方式令人极为痛苦，比如采用钻孔的方式治疗，在颅骨上钻一个洞，让邪灵逃脱。18 世纪，还有许多人将古怪的行为归因于巫术。早在 16 世纪，就有一位名叫约翰·威尔（Johann Wier）的医生挑战了这一信念。他认为，那些因行为古怪而受折磨或遭受火刑的人其实是患有心理疾病。20 世纪 30 年代，埃德加·莫尼兹（Edgar Moniz）通过破坏部分额叶来减少心理疾病患者的攻击行为和反社会行为。在治疗中，他将一种被称为前脑叶白质切除器的类似于冰锥的装置插入患者的鼻孔，推动它进入额叶，然后前后移动它，直到额叶组织被破坏。

现代的心理疾病治疗方式始于 18 世纪末 19 世纪初。1983 年，埃米尔·克雷普林（Emil Kraeplin）撰写并出版了第一本关于心理疾病的教科书。在书中，他将心理疾病进行分类并描述了相应的症状。这本书是 DSM 的先驱，克雷普林在书中描述的一些最早的心理疾病的类别，至今仍能在 DSM 中找到。目前，心理疾病的治疗方法主要有 4 种：**心理动力学疗法、人本主义疗法、行为疗法和认知行为疗法、生物疗法**。

心理动力学疗法

基于弗洛伊德的精神分析理论，早期的心理动力学疗法需要分析来访者无意识中的想法和欲望。用弗洛伊德的话来说，“掀开隐藏童年早期记忆的面纱，把婴儿初期的性行为表现带入到意识中”。心理治疗师通常通过自由谈话来消除尴尬，并通过自由联想的方法对来访者的想法、梦的解释、回忆起的事件或不能被记住的事情、情绪和言语方式等进行分析。经过几年的时间，患者会对他们谈论的内容变得更加自然。

现在，之所以将精神分析称为“心理动力学疗法”，是为了将其与过去的精神分析区分开来。当前的心理动力学疗法不再过度强调性行为的重要性，而是更多地关注人际经验。接受心理动力学治疗的人通常是自行决定的，他们聪明、善于表达，并且是有目的地前去治疗。鉴于治疗需要的时间较长，来访者通常也都相当富裕。不过，人们很少将心理动力学疗法作为第一或第二选择来治疗严重的心理疾病。

人本主义疗法

人本主义疗法认为，来访者拥有自我价值，并且本身很优秀，心理治疗师应该帮助他们展现自己最大的潜力。20 世纪 40 年代，卡尔·罗杰斯（Carl Rogers）开创了最早的人本主义治疗方法，即**来访者中心疗法**。在治疗过程中，由来访者负责决定谈论什么以及可以做什么。罗杰斯认为，大多数人的问题源于某种不一致，即人们对自己是什么人的感知与想要成为什么人的认知之间不匹配，而治疗是让来访者更接近理想中自我的一种手段。心理治疗师不以任何方式评判来访者，这叫**无条件积极关注**，同时，心理治疗师也不引导来访者。然而，当罗杰斯与来访者的谈话被录下后，人们发现罗杰斯会正面强化来访者说的某些内容，以此引导来访者。罗杰斯也承认了这一点。

其他形式的人本主义心理治疗方式还有**团体治疗**和**家庭 / 夫妻治疗**。团体治疗指的是两个或更多的人同时与心理治疗师碰面并讨论问题。团体治疗起源于第二次世界大战后，当时，战后回国的大量军人有心理问题，但没有足够的心理治疗师来满足治疗需求，于是便开创了团体治疗的方法。团体治疗的一个优势是，如果小组中几个成员以类似的方式对某人的行为进行评论，那么此人就更有可能接受该评论。另外，了解到其他人有同样的问题也会令人感到安慰。团体治疗中谈话的形式各不相同，有时主要由心理治疗师讲，然后小组成员提问，有时成员之间会有大量的互动。

有时，来访者的家庭情况是造成其心理问题的外部环境的一部分，因此心理治疗师会把来访者的家庭成员聚在一起并观察他们如何互动，这就是**家庭治疗**。在治疗中，心理治疗师会收集他们互动的数据，包括每个人坐在哪里、谁打断谁的说话、谁看谁，等等。心理治疗师也可能会要求家庭成员表现出某些行为，以判断来访者的适应不良是如何造成心理障碍的。人本主义疗法也可以针对处于亲密关系中的人进行，也就是**夫妻治疗**，它通常涉及金钱、工作、家务、性无能或不忠等方面的冲突。

人本主义疗法是否有效？对于不严重的心理疾病来说，可以确定，人本主义疗法是最受欢迎的治疗方法之一。有人详细分析了 1990—1999 年发表的研究结果，发现在通过人本主义疗法治疗的来访者中，有一半的人在心理健康方面有所改善，但这种改善通常无法维持到两年后，特别是当来访者有抑郁或焦虑的症状时。其中，人本主义疗法对治疗恐慌症最有效，具体内容见后文，有 46% 的来访者的症状得到了改善。

行为疗法和认知行为疗法

行为疗法假设人们的不适行为是通过学习习得的，正如通过学习习得正确行为一样。行为疗法的先驱之一约瑟夫·沃尔普（Joseph Wolpe）认为，人们之所以会学会害怕一些本身不会引起痛苦的刺激，是因为人们通过经典条件作用或操作性条件作用将该刺激与痛苦体验联系了起来。例如，为了对抗恐惧症，约瑟夫·沃尔普倡导在治疗中逐渐把来访者恐惧的对象为其讲解清楚。首先，对来访者进行放松训练，然后，将与恐惧相关的刺激进行分层次讲解。也就是说，如果一个人害怕蜘蛛，心理医生就会与他谈论蜘蛛，同时让他进行放松训练，然后逐渐加大刺激的程度。如果来访者可以容忍这一切，最后，心理医生会给来访者呈现他真正害怕的对象。这就是**系统脱敏疗法**，在处理人们的恐惧问题方面，这一方法取得了成功。

与此相反，如果一开始就唤起来访者强烈的恐惧以使其变得习惯这种冲击，就是**涌进疗法**。**内爆疗法**则会在涌进疗法的尾声呈现来访者害怕的对象。类似的过程也可以被称为**厌恶疗法**，核心是将对想戒除的中性刺激的消极反应与某种厌恶刺激联系起来。比如说，如果将酒精与催吐剂一起喝下去，就会使人再也不想饮酒了。

系统脱敏疗法和厌恶疗法是利用经典条件作用来治疗，而依赖操作性条件作用原理的行为疗法主要是**行为矫正**。例如，**代币法**是通过奖励（代币）来犒赏人们合适的行为；**模拟治疗法**是训练人们通过模仿成功个体的行为来纠正自己的行为；**自信训练法**是帮助人们以社会期望的方式行事。

受到科学界最广泛研究，并在近年逐渐发展起来的是关于改变来访者的认知的方面。**认知行为疗法**旨在改变一个人不适合的想法、信念、感知和行为，而要实现这一点，需要进行归因训练。例如，抑郁症患者通常将失败归因于特质因素。认知行为疗法中的再训练让来访者更加科学、理性地关注他们的因果归因，并检验他们是否真实地解释了自己的行为和想法。

20 世纪 50 年代，艾伯特·埃利斯（Albert Ellis）开发了一种与之类似的名为**理性情绪疗法**（RET）的模型。该疗法认为，假如人因为某一个事件而产生了激烈的情绪反应，比如焦虑和抑郁，实际上引发情绪反应的并不是这一事件，而是人的信念系统。因此，理性情绪疗法挑战人的这些信念系统，并说明一个人的思考方式或许是不合适的。这种疗法在减少一般性焦虑和不自信方面特别有效。

有意思的是，在过去几年里，一种被称作**情绪表露**的疗法发展了起来。这一疗法是让人写下导致他痛苦的各种事件或主观感受。一项针对大屠杀幸存者、失去亲人的人和刚经历失业的人的研究发现，情绪表露疗法减少了他们看医生的次数，并改善了他们的免疫系统功能。然而，对于那些患有严重疾病的人，比如患有癌症的人来说，该疗法的治疗结果则非常混杂。该疗法的先驱之一詹姆斯·潘尼贝克（James Pennebaker）认为，所有改善都是因为写下想法和感受带来的认知变化。当人们写出为什么会有这样的感觉，而不仅仅是描述这种感觉时，他们的想法会变得更有条理，并且会减少情绪化，这有助于维持心理健康。

生物疗法

最常使用的生物疗法是**药理学疗法**，几乎所有严重的心理疾病都可以通过某种方式使用药物治疗。使用的药物一般有 4 种类型：抗精神病药物、抗抑郁药物、抗躁狂药物和抗焦虑药物，其中一些药物会在下一节中介绍。

4 种最普遍的心理疾病

DSM 列出了数百种心理疾病，在本书有限的篇幅里不可能对其一一介绍。因此，这一节只会讨论最常见的心理疾病和疗法，包括精神分裂症、心境障碍和焦虑症等。你可以在延伸阅读部分找到更多关于其他心理疾病的内容。

精神分裂症

在往往被描述为精神病的疾病中，精神分裂症是最常见的一种。但是，精神分裂症并不是单一的概念，它有不同的类型，表现出不同的症状。一般来说，精神分裂症是一种表现为扭曲化的思维、知觉和情绪的心理疾病，其中异常行为很常见，并且患者往往表现出社交规避行为。需要注意的是，虽然精神分裂症的意思是“分裂的心智”，但并不等同于“分裂的人格”。“分裂的人格”指的是另一种不同的心理疾病，精神分裂症患者并不会认为自己是其他人。除了行为上的症状，精神分裂症患者还可能具有认知障碍。例如，患者可能无法说出许多以某个字为开头的物体的名称，可能表现出语义和工作记忆方面的障碍，在需要额叶参与的实验任务上也可能遇到障碍。这些发现使研究者得出结论：额叶功能失调可能是导致精神分裂症的重要原因。

精神分裂症患者的预后是非常复杂的：约三分之一的患者永远无法康复，他们的生活都需要别人照顾；三分之一的患者会康复，可以正常生活；剩下三分之一的患者只会暂时康复，以后还会复发。

精神分裂症有两类症状：**阴性症状**和**阳性症状**。最明显的阳性症状主要有以下几种。第一，思维障碍，即一个人的想法以及和他人的交谈都毫无条理。第二，妄想，指的是拥有与现实相反的信念，比如认为别人在设法害自己，即被害妄想；认为自己有无所不能的权力和控制力，即夸大妄想；或者认为自己的人身和想法受到了别人的控制，即被控制妄想。第三，幻觉，指的是对不存在或没有出现的刺激的知觉。其中，听觉幻觉是最常见的，但幻觉可以出现在任何感觉通道上，甚至包括嗅觉幻觉。有时，幻觉表现为听到有人对自己的生活连续性地进行评论，或有人命令自己做某种行动。

阴性症状主要包括情绪表情、社会交往、主动性和持续性、体验愉悦等正常行为的缺失，如情感障碍。当然，其他的心理疾病也会表现出这些行为上的障碍。

DSM-IV 描述了精神分裂症的 4 种亚型，即**未分化型**、**紧张型**、**偏执型**和**无序型**，不过，这些类别并不像表面看起来的那样界限清晰。比如说，有些患者无法被明确地判定为哪种亚型。未分化型精神分裂症患者会表现出妄想、幻觉和行为紊乱的症状。紧张型精神分裂症患者的特点是运动障碍，比如他们会采用一些不寻常的姿势，其中“蜡样屈曲”就描述了患者如何操纵自己的肢体以及如何将肢体维持在某个位置上。偏执型精神分裂症患者会表现出被害、夸大或被控制的妄想。无序型精神分裂症患者的特点则是思维混乱，同时也会表现出不适当的社会行为。比如在不适当的时候发出笑声，与人谈话时常常会在话里掺杂一些似乎很随机的词，这被称为“词汇沙拉”。

关于精神分裂症产生的原因，尽管目前的证据更集中地指向生理原因，但由于研究者的立场不同，精神分裂症被认为是由遗传、生物或环境因素引起的。同卵双生子同时患精神分裂症的概率高于异卵双生子。如果一个人的父母是精神分裂症患者，那他就比其他人更有可能患精神分裂症，即使他被没有患精神分裂症的非亲生父母收养也无法改变这一点。就脑功能而言，有证据表明，精神分裂症的阳性症状是由多巴胺突触的过度活动导致的。因此，氯丙嗪和用于治疗的其他抗精神病类药物的原理，都是抑制或阻断对突触处多巴胺受体的刺激。这些药物会减少幻觉，降低思维不合逻辑的程度。在精神分裂症中，这些神经元的位置被认为靠近额叶和部分边缘系统。神经成像学研究表明，精神分裂症患者颞叶和额叶皮质的新陈代谢会减少。有一种假设认为，精神分裂症患者的语言和思维紊乱是由语言定位的失败引起的。

一些环境原因会影响孩子与父母的关系。父母可能以某种方式接受孩子，并以其他方式拒绝孩子，从而导致“双重约束”。精神分裂症患者的“情感表达”具有其亲属，即家庭成员的特征。例如，情感表达会表现为存在更激烈的批评、充满敌意和过度情绪化。来自低情感表达家庭的患者比来自高情感表达家庭的患者恢复得更好。

抑郁症

抑郁症是最常见的情感障碍。如果一个人至少持续两周以上表现出 DSM-IV 所列出的 5 种抑郁的症状，就可以确诊为患有重度抑郁症。这 5 种症状包括丧失兴趣或生活乐趣，感到强烈的悲伤和绝望，注意力不集中，性欲降低和食欲不振，无助、悲观、疲劳和失眠。患者还可能有自杀的念头。重度抑郁症不是情绪低落的问题，而是一种严重的心理疾病。在发展生物学教授刘易斯·沃尔珀特有关抑郁症的自传性作品《发展生物学》（*Developmental Biology*）中，有一段话既准确又令人感到心酸地反映了这一点：

> 这是我生命中最糟糕的经历，甚至比看着我的妻子死于癌症更可怕。我很羞愧地承认，我觉得感受到抑郁的心情比感受到她离去带给我的悲伤更巨大，但这的确是事实。抑郁时，我处于一种与此前经历的任何情绪都毫不相干的状态中；我不仅感觉情绪很低落，而且还清楚地认识到自己病得很重。那时，我完全以自我为中心、消极，并且大多数时间想自杀。我无法让自己正常工作，只希望整天蜷缩在床上。

在伊丽莎白·沃策尔（Elizabeth Wurtzel）的《少女初体验》（*Prozac Nation*）一书中，也有一些类似的描述：

> 然后，有一天，你意识到你的一生都很糟，不值得活下去，你的存在就如同人类赖以生存的白色地带上的污点。每天早上你醒来，却害怕继续活下去……无论出于什么意图和目的，重度抑郁症患者就如同行尸走肉。

据估计，抑郁症患者的数量占人口总数的 2%，尽管似乎在人口稠密的地区发病率更高，但它其实没有真正的文化、社会或经济依存性。根据世界卫生组织的报告，治疗抑郁症的花费占世界疾病负担的 4.4%，而女性治疗抑郁症的花费是男性的两倍，这可能是因为女性更倾向于寻求全科医生的帮助。抑郁症的发病年龄通常是二十四五岁左右，但实际上在任何年龄阶段都有可能发病，而且大约 50% 的患者会体验不止一次抑郁状态。

诊断抑郁程度的一种方法是使用阿龙·贝克（Aaron Beck）的抑郁量表。患者选择量表中最能反映他们感受的陈述，然后医生会根据规则进行评分。例如，“我不觉得悲伤”这一陈述的分值记为“0”；“我很伤心很不高兴，但又不能发泄出来”这一陈述的分值记为“3”；总分越高，说明抑郁程度越重。贝克还提出了一种描述抑郁的模型，该模型使用的概念被称作**认知三元素**。认知三元素反映了抑郁症患者对自己的过去、现在和未来感到消极和无助的觉察。许多证据一致说明抑郁症患者具有消极归因风格，即将所有的失败归因于自己，而不是外部事件或环境，并且认为自己在未来尝试的任何事情上都会失败。

抑郁症患者还具有一种习得性无助，这是由美国心理学家马丁·塞利格曼（Martin Seligman）[①]提出的一个概念，因为他们感到自己被困住，并且认为自己没有能力做任何事情来改变自己的生活。抑郁症患者不会尝试改变自己的行为，他们被纠缠在一个日益痛苦的无助循环中。他们还表现出绝望的心态，对自己的未来及自己在未来生活中所发挥的作用抱有灾难性的悲观看法。

有时，造成人们长期沉浸在这种感受和想法中的原因是可确认的，诸如亲人去世、失业和情侣关系破裂等外部原因都可能引发重度抑郁。然而，在有些情况下，抑郁症似乎没有外部原因，就如刘易斯·沃尔珀特的例子所反映的一样。在这种情况下，导致抑郁的原因可能是脑活动功能失调。

当面对医生时，如果一个人表现出抑郁症状，那么医生通常会建议如何治疗呢？针对中度抑郁症状，最有可能的方式是定期锻炼。定期锻炼能改善患者的心境，而这可能是因为锻炼释放了与愉快有关的神经递质。医生也可能要求患者参加心理治疗课程，以改变其思维和行为方式。不过，抑郁症最常见的、最成功的治疗手段是药理学疗法，而这通常又伴随着心理治疗。三环抗抑郁药和单胺氧化酶抑制剂这类抗抑郁药物，以及氟西汀这类5-羟色胺再摄取抑制剂（SSRI），是通过增加脑中可用5-羟色胺神经递质的量而起作用。比如说，SSRI通过阻止从突触中移除神经递质5-羟色胺起作用。当突触前神经元释放化学物质时，留在突触间隙（神经元之间的间隙）的神经递质被带回释放细胞，这个过程被称为再摄取。尽管其他理论表明，SSRI通过让脑达

① 塞利格曼“幸福五部曲”已由湛庐文化策划、万卷出版公司出版。——编者注

到 5- 羟色胺的阈值来起作用，或者让突触受体随着时间变得更容易接受 5- 羟色胺，因此摄入药物和缓解症状之间可能间隔了几周，但 SSRI 似乎在阻止这种过程。

还有证据表明，抑郁症患者的应激激素水平会升高，特别是促进肾上腺皮质激素释放因子，而这会导致脑释放促进皮质醇释放的激素。由于这类激素在早晨时处于更高水平，患者在早晨时的抑郁情况更严重。那些由于接受药物治疗而导致皮质醇增加的患者也会感到抑郁。研究表明，糖皮质激素也与 5- 羟色胺水平的降低和记忆受损有关，这也许可以解释为什么抑郁症患者会表现出注意力不集中的症状。

通常，医生会向轻度抑郁症患者，即情绪恶劣的患者推荐一个体育锻炼课程。研究认为，这种锻炼课程能增加可用的胺的数量。正如刘易斯·沃尔珀特一个同事所说的，如果你发现有人在慢跑，那他们可能是为了缓解抑郁的症状。对于更严重的抑郁症，可以选择锻炼配合药物治疗以及认知行为疗法等心理治疗方法，这样可以一并解决由于 5- 羟色胺的减少以及消极想法和情感而导致的抑郁。不过，虽然这种方法可以治疗大多数抑郁症，但对有些类型的抑郁症也是无效的。

双相情感障碍

有些患者会经历抑郁状态，同时交替表现出极端躁狂的症状，比如过分狂热、精力旺盛、不切实际、无序的活动和思想，这就是双相情感障碍，或者称为躁郁症。“躁狂”这个词来源于希腊语中的“疯狂”。轻度的双相情感障碍被称为**循环性情感障碍**。在躁狂阶段，患者的说话速度很快，任何打断都会激起他的愤怒。患者可能会为未来制订过度的、充满幻想的计划，并且该计划可能在数小时或数天后被放弃。

1921 年，埃米尔·克雷普林首次确认了这一心理疾病，并称之为“躁狂抑郁精神错乱”。该疾病可以通过服用碳酸锂药物来控制，但复发率很高。一些人纠结于用该治疗手段治疗的可行性，他们担心这会削弱躁郁症患者具有的能量驱动的兴奋性和创造力。1813 年，著名的极端躁狂且喜怒无常的拜伦勋爵在写给未婚妻安娜贝拉·米尔班克（Annabella Milbanke）的信中写道：

> 你不喜欢我“不安”的主义。如果是这样，我感到非常抱歉，但我还是不能停滞。如果我必须启航，那我一定不会选择平静的湖面，而是会选择海洋，并且不论有多大的暴风雨都不会改变。

有很多众所周知的人都患有躁郁症，比如斯派克·米利根（Spike Milligan）、卡丽·费希尔（Carrie Fisher）、斯蒂芬·弗莱、理查德·德赖弗斯（Richard Dreyfuss）、苏塞克斯大学心理学教授斯图尔特·萨瑟兰（已故），以及研究创造力和躁郁症之间关系的心理学家杰米森（在拓展阅读部分，她的书被重点推荐）。

焦虑症

DSM-IV 中列出的许多心理疾病都带有忧虑和死亡意味的特征，并伴随着手心出汗、胃部不适以及心跳加速等身体变化，比如焦虑。焦虑症有多种类型，但最常见的焦虑症是**广泛性焦虑症**、**恐慌症**、**恐惧症**、**创伤后应激障碍**和**强迫症**。其中，恐惧症包括特定恐惧症和社交恐惧症。一般来说，焦虑症是生活中最常见的心理疾病。一项调查表明，焦虑症患者占原发病例患者的 27%。

广泛性焦虑症表现为对工作、家庭、金钱、人际关系等生活事件的过度担忧。患者每天都在经历这样的焦虑症状，并且至少持续 6 个月。这种心理疾病会使人不安、易怒、疲劳、注意力不集中并影响睡眠。这是一种最常见的焦虑，并常伴有抑郁。在关于广泛性焦虑症的机制上，有一种理论是从个体无法满足设定的和预期的理想目标这一角度来解释的，认为避免失败的需要和预测所有可能结果的需要会导致焦虑。另一种理论认为，上面这种理论无法解释正常的担忧，而且认为焦虑可以起到一种“报警功能”，这种“报警功能”使人们有意识觉察到潜在的会引起人们困扰的刺激，并让人们做好准备来应对它们。

杰弗里·格雷（Jeffrey Gray）的模型认为，焦虑是由惩罚、非奖励和新异刺激诱发的。行为抑制系统（BIS）会觉察到焦虑状态，有助于对这种状态进行评估。在神经层面，行为抑制系统由一套复杂的脑结构网络和神经递质网络来表征。

然而，还有模型认为，焦虑是由人们的高焦虑特质和较差的应对能力共同引起的。具有高焦虑特质的个体和患有广泛性焦虑症的个体对焦虑相关的刺激极其敏感。例如，他们对引起焦虑的刺激表现出注意偏向。患有焦虑症的人在觉察带有威胁表情的面孔时，比觉察带有非威胁表情的面孔时更警觉，在觉察焦虑相关的词汇时比觉察与焦虑无关词汇时更警觉。

在对广泛性焦虑症进行治疗时，通常要使用被称为镇静剂的抗焦虑药物（如巴比妥类或苯二氮类）或抗抑郁药物。此外，认知行为疗法也很有效。

恐慌症指的是对恐惧的恐惧。患有恐慌症的人会不断经历恐怖的片段，并伴有心率加快和呼吸急促的症状。这种生理变化剧烈的程度可能会使其错误地将这些信号解释为他们即将死去。此外，他们还会有出汗、腿部僵化等症状。恐慌症通常在成年早期发作。在发作间隙，患者害怕引起恐慌的事件再次出现，这被称为预期性焦虑。解释恐慌症机制的主导理论认为，患者的焦虑直接源自上述对生理变化灾难性的误解。心理学家发现，通过训练可以让患者意识到他们的身体症状不会导致疾病或死亡，此后，症状便消退了。

恐惧症（Phobia）是对特定对象或事件的恐惧，以希腊神话中使敌人恐惧的神福波斯（Phobos）的名字命名。人们经常认为恐惧症是不合常理的，因为恐惧症患者害怕的对象并不能构成任何真正的威胁或伤害。当然，这就像对任何一个不是从事与蛇有关的工作的人来说，害怕蛇似乎都是合情合理的。众所周知，很多人会害怕数字 13，这被称为黑色星期五恐惧症；害怕孤独，即孤独恐惧症；害怕猫，即惧猫症；害怕铁路，即铁道恐惧症。通常，这并不会对人们的生活造成太大的影响，但如果恐惧使一个人难以进行正常的生活，那就需要临床治疗了。

广场恐惧症是最常见的恐惧症之一，这是一种对开放空间的恐惧。它通常与恐慌症发作紧密相关，并且可能会使人丧失行动能力，让人无法离开家。

社交恐惧症是指个体害怕处于受人关注的情境中。导致该疾病的一个重要因素是人们对自己将会如何被关注的担心，患有社交恐惧症的人会消极地解读模糊的反馈信息。例如，与没有社交恐惧症的人相比，患有社交恐惧症的人会在听众脸上看到更多消极的面部表情。而这种对社交信息的误读会导致进一步的焦虑。

还有一些特殊的恐惧症，比如恐惧飞行，即高空恐惧症；恐惧高度，即恐高症；恐惧封闭空间，即幽闭恐惧症；恐惧蜘蛛，即蜘蛛恐惧症；恐惧蛇，即恐蛇症，等等。有一种理论认为，对这些对象的恐惧有生物进化的原因。人们最害怕或最反感的对象往往是毛茸茸或黏糊糊的，并且可以快速移动的东西。而人们之所以害怕它们，是因为害怕自己会被感染。另一种进化理论认为，人们会害怕人在进化阶段所害怕的刺激。因为如果不害怕它们，它们就会对人造成伤害。有一些恐惧症是极难消除的，比如蜘蛛恐惧症。这大概是因为人们在基因上已经准备好害怕可能会毒害或杀害自己的生物了。不过，这个理论显然不能解释为什么人应该害怕蛞蝓和蜗牛。相反，前面提到的第一个理论，也就是对特定对象或事件的恐惧，或许可以解释此类恐惧。1998 年，一项对恐惧症进行的跨文化研究发现，刺激可以分为恐惧相关、恐惧无关或厌恶相关类的刺激。

对恐惧症最常见的一个治疗方法是系统性脱敏，如前所述。临床医生还将虚拟技术用在了治疗中，即让来访者在虚拟情境中接触害怕的事物和情境。例如，如果来访者害怕蜘蛛，医生可能会让他们暴露于有虚拟蜘蛛的环境中；如果来访者害怕飞行，医生会让他们爬上虚拟情境中的飞机。这些治疗手段都取得了良好的效果，治疗后，来访者不再对害怕的事物感到焦虑，并且可以维持至少一年的时间。

创伤后应激障碍指的是重大创伤性事件引起的焦虑。重大创伤性事件可以是道路交通事故、强奸、银行抢劫、暴力攻击或自然灾害等。在过去的一段时间里，创伤后应激障碍经常在新闻报道中出现，这是由在海湾战争和阿富汗战争中返回的军人和女性发病率上升引起的。同时，一些夸大关于美国军人在越战后的创伤后应激障碍的报道也加剧了这一情况。

创伤后应激障碍的症状包括反复重现重大创伤性事件引起的创伤。创伤感受是指那些与创伤性事件有关的、不可预测且不可控的侵入性想法以及回避行为，当事人对自己所经历的创伤性事件会否认或感到情绪麻木，并对与创伤相关的刺激表现出过度警惕。例如，被强奸过的人，可能会过度警觉朝向他 / 她的身体动作。强奸造成创伤后应激障碍的发生率是最高的。

有一种理论认为，创伤后应激障碍的产生是由于完成倾向原则。当创伤发生时，个体处理的信息太多，他们无法应对，也没有有效的手段去解决。所以，他们可能会否认创伤性事件的发生，或者以变得麻木来作为应对的手段。然而，通过闪回和幻觉，完成倾向原则仍会使创伤性事件以鲜活的记忆的方式不断重现。

另一种适用范围更广的理论表明，人们普遍会从积极的角度看待自己，但创伤性事件却打破了他们对周围世界的信念，削弱了他们的无敌感，以及他们一直持有的这个世界可理解且有意义的信念。一些研究发现，通过情绪表露疗法，让人们写下自己的创伤和为什么感到创伤，能够减轻创伤后应激障碍的症状。

强迫症患者认为自己无法摆脱强迫的观念，并忙于妨碍日常生活的强迫性的重复行为。强迫症的症状包括运动控制的丧失、持续检查、不能控制想法、对东西被弄脏的担心以及过度仪式化的行为等。过度仪式化的行为包括持续的洗手、淋浴和梳洗等行为。强迫行为是患者对由强迫性思维引起的焦虑所做出的防御，但这些强迫行为由于太过度，以至于干扰了日常生活。强迫症患者能够认识到这些行为是无意义的。

常见的强迫性思维有两种，分别是对于做某些被禁止的事情的恐惧，以及怀疑和不确定的感觉。比如，病人可能会害怕在教堂小便、独自留在桥下、杀死所爱的人、在不适当的地方发誓，等等，但实际上，他们很少真正做出这些行为。强迫行为通常有 4 种类型，即计数、检查、清洁和回避。例如，患者可能会反复检查烹饪器具是否关闭，可能会过细地清洁、折叠、重新折叠以及再重新折叠自己的衣服。

一些研究人员认为，强迫症患者之所以会做出这些行为，是为了取代不愉快或令人感到痛苦的想法。患者认为他们必须在任何时候都是最好的，回避那些认为他们无能的批评，并希望防止因为自己的不完美而受到惩罚。如果患者越来越频繁地经历令自己痛苦的想法，他们就会想出一种思考方式来对抗这些想法。因此，这种情况频繁地发生将会导致适应性思考方式的增加。而一旦形成这种习惯，强迫性的想法就可能会持续下去，即使原来引发痛苦的源头不再存在也不会改变。

强迫症可以用行为疗法来治疗。例如，有意弄脏患者的手，并且不允许他们洗手。不过，行为疗法在对抗强迫行为方面比在对抗强迫观念方面更有效。此外，强迫症患者还可以用SSRI来治疗。

在这个时代，人们的心理健康欠佳是医疗、心理、经济和社会领域中最紧迫的问题之一。患心理疾病的人之所以会增加，一方面可能是由环境因素导致的，比如财富的增加或减少、工作需求、可获得的饮食、生活方式等；另一方面，可能是因为人们认识到了心理疾病是一种疾病并且想要得到治疗。2007年10月，英国政府承诺投资约1.7亿英镑，用于抑郁和焦虑的心理治疗。如果只从经济角度看，一方面，这承认了心理疾病的严重性；另一方面，这些投资也为大量需要心理治疗的人提供了潜在的帮助。

要点总结

1. **变态心理学**：涉及心理疾病的诊断、理解和治疗的心理学分支，其中，“变态”指的是对常态的极端偏离。
2. **心理疾病**：由认知、环境、遗传或生物基础等因素引起的思想、情绪方面的紊乱或行为的反常。
3. 心理疾病的治疗：
   - **心理动力学疗法**：不再过度强调性行为的重要性，而是更多地关注人际经验；
   - **人本主义疗法**：认为心理治疗应该帮助人们展现自己最大的潜力，包括来访者中心疗法、团体治疗、家庭/夫妻治疗；
   - **行为疗法**：依赖经典条件作用进行的有系统脱敏疗法、涌进疗法、厌恶疗法等；依赖操作性条件作用进行的主要是行为矫正，如代币法、模拟治疗法等；

- **认知行为疗法**：旨在改变一个人不适合的想法、信念、感知和行为，主要通过归因训练来进行；
- **生物疗法**：最常用的是药理学疗法，而且几乎所有严重的心理疾病都可以使用药物治疗。

4. **精神分裂症**：是一种思维、知觉和情绪扭曲的心理疾病，包括 4 种亚型，即未分化型、紧张型、偏执型和无序型。

5. 抑郁症：最常见的情感障碍，表现为丧失生活乐趣，强烈的悲伤和绝望，注意力不集中，性欲降低和食欲不振，无助、悲观、疲劳和失眠。

6. 双相情感障碍：也被称为躁郁症，患者会经历抑郁状态，同时交替表现出极端躁狂的症状。

7. 焦虑症：有多种类型，常见的有广泛性焦虑症、恐慌症、恐惧症、创伤后应激障碍和强迫症。

在前言中，我引用了关于心理学家的一句话："心理学家可以被看作去剧院观察观众的人。"这句话虽然很精辟，但大部分却是错误的。我希望本书所包含的内容足以证明：尽管观察形形色色的人是心理学家所做的事情之一，但并不是主要的。实际上，心理学所从事的研究比这要严谨得多。观察固然很重要，但心理学不仅仅是柯南·道尔所写的故事。

在接下来的 10 年中，我预测心理学家将更多地关注心理健康及其治疗，因为患心理疾病的人在增加，财政负担与个人负担也在相应地增加。神经成像及其应用领域越来越广，会使实验的设计变得更加复杂和巧妙。沟通的本质或许会成为更广泛研究的主题，特别是随着短信、邮件、博客、聊天室以及线上自我展示的流行。或许当本书出到第 30 版的时候，文字已经随着网络流行文字的变化而改变了。由于欧盟等实体的扩张以及随时可以买到的廉价飞机票，人们的移动性大大增加了。在社会心理学领域，有关文化整合或文化缺失的问题会成为很多研究的焦点。

虽然心理学家对极端主义者的心理和行为有了比较多的了解，但当我和英国一位内政部首席科学官员谈到参与伦敦管道爆炸案的极端分子时，他承认当天没有任何事情可以预测这些人的行为，无法预测他们会以这种方式发动袭击。也许这超出了心理学力所能及的范围，心理学并不像《解密高手》(*Cracker*)和《犯罪心理》(*Criminal Minds*)中所描述的那样无所不能。

还有一种很小的可能性，那就是即使互联网充斥着不良的气氛和疯狂行为，一些好的信息仍能被人们迅速捕捉到。

我希望你能喜欢这个机智的概述。如果有什么感想，你可以发电子邮件给我，我的电子邮箱地址在前言中。

对了，我得赶快出发了。我必须在7点前到达电影院。据观众说，这部电影十分吸引人。

1 心理学是什么

在普通心理学方面，有大量的优秀读物，但我极力推荐两本适合初学者读的书，可以用于拓展更多的资料。第一本是 G. 尼尔·马丁、尼尔·卡尔森（Neil Carlson）和威廉·布斯克斯特（William Buskist）的 *Psychology* 第 3 版（2006, Harlow: Pearson Education）；第二本是阿德里安·弗恩海姆的 *All in the Mind*（1996, London: Whurr Publishers）。

戴维·科恩（David Cohen）的 *Psychologists on Psychology*（2004, London: Routledge）收集了一些有影响力的心理学家的访谈。

如果想对学科历史进行良好的回顾，罗杰·霍克（Roger Hock）的 *Forty Studies That Changed Psychology*（2005, Harlow: Pearson Education）和利希（T. H. Leahey）的 *History of Psychology* 第 5 版（1997, New Jersey: Prentice Hall International）很值得阅读。

最后，推荐两本关于开展心理学研究的好书：巴塞尔（R. B.

Bausell）的 *Conducting Meaningful Experiments: 40 Steps to Becoming a Scientist*（1993, London: Routledge），以及迈尔佐夫（J. Meltzoff）的 *Critical Thinking About Research: Psychology and Related Fields*（1998, Washington, DC: American Psychological Association）。

2 中枢神经系统与人的行为

生理心理学的优秀入门书籍有：尼尔·卡尔森的 *Foundations of Physiological Psychology* 第 6 版（2007, Boston: Allyn & Bacon）、弗雷德·托茨（Fred Toates）的 *Biological Psychology* 第 2 版（2007, Harlow: Pearson Education）、斯蒂芬·科斯林（Stephen Kosslyn）等人在 2002 年发表的 "Bridging psychology and biology" 一文、斯普林格（S. P. Springer）和多伊奇（G. Deutsch）的 *Left Brain, Right Brain* 第 5 版（2001, New York: W. H. Freeman）、G. 尼尔·马丁的 *Human Neuropsychology* 第 2 版（2006, Hemel Hempstead: Prentice Hall Europe）和 *Essential Biological Psychology*（2003, London: Arnold）。

季刊 *Scientific American Mind* 通常会发表最新的关于行为和脑研究的优秀摘要。

心理药理学方面有两本好书，分别是霍布森（J. A. Hobson）的 *The Dream Drugstore: Chemically Altered States of Consciousness*（2005, Cambridge, MA: MIT Press）和朱利恩（R. M. A. Julien）的 *A Primer of Drug Action* 第 10 版（2005, San Francisco: W. H. Freeman）。

在成瘾话题这方面，有一篇优秀的综述文章，是鲁宾逊（T. E. Robinson）和贝里奇（K. C. Berridge）在 2003 年发表于 *Annual Review of Psychology*

的“Addiction”一文。

在进化心理学方面，也有一些优秀的综述文章，比如罗宾·邓巴（Robin Dunbar）等人的 *Evolutionary Psychology*（2005, Oxford: Oneworld）、伯瑞斯科（T. Bereczkei）在 2000 年发表于 *European Psychologist* 的文章“Evolutionary psychology: A new perspective in the behavioural sciences”、唐纳德·巴斯的 *Evolutionary Psychology: The New Science of Mind* 第 2 版（1999, Boston: Allyn and Bacon），以及皮柳奇（M. Pigliucci）在 2006 年发表于 *Skeptical Inquirer* 的文章“Is evolutionary psychology a pseudoscience?”。

3 感觉与知觉

介绍感觉和知觉加工且内容翔实的入门书有两本，分别是科伦（S. Coren）等人的 *Sensation and Perception* 第 6 版（2003, Chichester: John Wiley & Sons）和戈尔茨坦（E. B. Goldstein）的 *Blackwell Handbook of Sensation and Perception*（2004, Oxford: Blackwell）。

想了解更多有关感知和知觉的神经心理学内容，可以参考薇姬·布鲁斯（Vicki Bruce）和安德鲁·扬（Andrew Young）的 *In the Eye of the Beholder*（1998, Oxford: OUP）和 G. 尼尔·马丁的 *Human Neuropsychology*（2006, Pearson Education: Harlow）。

想了解有关美丽的面孔方面的研究，可以阅读约翰斯顿（V. S. Johnston）2006 年发表于 *Trends in Cognitive Sciences* 的文章“Mate choice decisions: the role of facial beauty”。

在意识状态方面，可以阅读三本优秀读物：*The Blackwell Companion to Consciousness*（2006, Oxford: Blackwell）、苏珊·布莱克莫尔（Susan

Blackmore）的 *Conversations on Consciousness: Interviews with Twenty Minds*（2005, Oxford: Oxford University Press）和 *Consciousness: An Introduction*（2003, London: HodderArnold）。

想了解有关睡眠的颇为流行的心理学解释，可以阅读保罗·马丁（Paul Martin）的 *Counting Sheep*（2002, HarperCollins）、纳什（M. R. Nash）和贝纳姆（G. Benham）2005 年发表于 *Scientific American Mind* 的文章“The truth and hype of hypnosis”，后者还提供了有关催眠的综述。

在注意加工方面，把伊丽莎白·斯泰尔斯（Elizabeth Styles）的 *The Psychology of Attention* 第 2 版（2002, Hove: The Psychology Press）作为入门书是相当不错的。

4 学习、记忆与遗忘

想要将心理学原则应用到日常生活中，可以阅读鲍德温的《日常生活的行为原则》（1998, Boston: Prentice Hall）。关于操作性条件作用的优秀综述，可以阅读斯塔登（J. E. R. Staddon）和切鲁蒂（D. T. Cerutti）2003 年发表在 *Annual Review of Psychology* 的文章“Operant conditioning”。

在研究记忆方面有很多好书，比如艾伦·巴德利（Alan Baddeley）的 *Human Memory: Theory and Practice* 第 2 版（1996, Hove, UK: The Psychology Press）、菲尔茨（R. D. Fields）在 2005 年发表于 *Scientific American* 的文章“Making memories stick”以及“Erasing memories”、格林伯格（D. Greenberg）2005 年发表于 *Skeptic* 的文章“Flashbulb memories”、罗杰·加德纳 2006 年发表于 *Skeptical Inquirer* 的文章“The memory wars, parts 2 and 3”，加德纳的这篇文章为记忆的形成和遗忘提供了很好的解释。

关于脑在记忆中所扮演的角色，可以在这些书籍和文章中得到很好的解释：斯夸尔（L. R. Squire）和沙克特的 *Neuropsychology of Memory*（2003, Hove, UK: The Psychology Press）; 魏世德（J. T. Wixted）2004 年发表于 *Annual Review of Psychology* 的文章“The psychology and neuroscience of forgetting”；巴克森代尔（Baxendale）2004 年发表于 *British Medical Journal* 的文章“Memories aren't made of this: amnesia at the movies”，这是一篇很好的关于治疗记忆丧失的综述；科佩尔曼（M. D. Kopelman）2002 年发表于 *Brain* 的文章“Disorders of memory”，这篇文章对记忆丧失进行了深入的回顾。

5 语言与沟通

心理语言学和语言心理学方面的最佳入门作品有：特雷弗·哈利（Trevor Harley）的 *The Psychology of Language* 第 2 版（2002, Hove: Psychology Press）、琼·艾奇逊（Jean Aitchison）的 *The Articulate Mammal* 第 4 版（1998, London: Routledge）、史蒂芬·平克的《语言本能》和 *Words and Rules*（1999, London: Weidenfeld and Nicholson）。

在灵长类语言方面，有一本好书，即 R. 比尔林（R. Burling）的 *The Talking Ape: How Language Evolved*（2005, Oxford: Oxford University Press）。

在阅读发展方面，以下书籍和文章都很值得阅读：弗莱彻（P. Fletcher）的 *Child Language Acquisition*（1998, London: Arnold）、弗里德里西（A. D. Friederici）2005 年发表于 *Trends in Cognitive Sciences* 的文章“Neurophysiological markers of early language acquisition: from syllables to sentences”、格利森（J. B. Gleason）的 *The Development of Language* 第

4 版（1997, Boston: Allyn & Bacon）、雷纳（K. Rayner）等人 2002 年发表于 *Scientific American* 的文章“How should reading be taught?”。

关于发展性阅读障碍，可以阅读尼基·布伦瑞克的 *Dyslexia: A Begginer's Guide*（Oxford: Oneworld Publications）以及莫奈（J. F. Demonet）等人 2004 年发表于 *The Lancet* 的文章“Developmental dyslexia”。

最后，想了解语言和言语障碍的神经基础的综述，可以阅读以下文章：*Human Neuropsychology* 第 2 版（2006, Harlow: Prentice Hall） 中 G. 尼尔·马丁、尼基·布伦瑞克所写的章节，格恩斯巴彻（M. A. Gernsbacher）和卡斯查克（M.P.Kaschak）2003 年发表于 *Annual Review of Psychology* 的文章“Neuroimaging studies of language production and comprehension”，希拉·哈尔（Sheila Hale）的 *The Man Who Lost His Language*（2003, London: Penguin），这本书对有关中风对语言产生的影响提出了最合理的解释之一。

6 智力与人格

1998 年，*Scientific American* 中探索智力的特刊，对智力中复杂的领域进行了很好的概述。关于非理性思维，有两本好书，分别是斯图尔特·萨瑟兰的《非理性》（1992, London: Penguin）和刘易斯·沃尔珀特的 *Six Impossible Things Before Breakfast*（2006, London: Faber）。关于智力和推理的深度思考，可以参考霍利约克（K. Holyoak）和莫里森（R. Morrison）的 *The Cambridge Handbook of Thinking and Reasoning*（2005, Cambridge: Cambridge University Press）。

关于创造性，有两篇很好的文章，分别是海尔曼（K. H. Heilman）的 *Creativity and the Brain*（2005, Hove: the Psychology Press）和伦科（M. A.

Runco）2004 年发表于 *Annual Review of Psychology* 的文章 “*Creativity*”。

有关性别差异，可以阅读卡希尔（L. Cahill）2005 年发表于 *Scientific American* 的文章 “His brain, her brain” 以及戴安·哈尔彭的 *Sex Differences in Cognitive Abilities* 第 3 版（2000, London: Lawrence Erlbaum Associates）。

关于基因在智力中扮演的角色，有一篇不错的综述，是罗伯特·普洛明和德弗里斯（J. C. DeFries）1998 年发表于 *Scientific American* 的文章 “The genetics of cognitive abilities and disabilities”。

在人格方面有很多好的文章和书，比如，科斯塔和麦克雷的 *Personality in Adulthood*（2005, New York: Guilford Press）、沃尔特·米歇尔 2004 年发表于 *Annual Review of Psychology* 的文章 “Toward an integrative science of the person”、蒙特（C. F. Monte）和索罗德（R. N. Sollod）的 *Beneath the Mask* 第 7 版（2002, Chichester: Wiley）、佩文（L. Pervin）的 *Current Controversies and Issues in Personality* 第 3 版（2002, Chichester: Wiley），以及马修斯（G. Matthews）等人的 *Personality Traits* 第 2 版（2003, Cambridge: Cambridge University Press）。

有关生物和脑在智力中所扮演的角色，可以阅读图尔汉·詹勒（Turhan Canli）的 *Biology of Personality and Individual Differences*（2006, Hove: the Psychology Press）。对于弗洛伊德心理动力学理论的剖析，可以阅读汉斯·艾森克的《弗洛伊德帝国的衰亡》（1985, London: Penguin）。

7 发展心理学

在发展心理学方面，以下都是能够轻松获得的非常棒的书籍：比（H. L. Bee）的 *The Developing Child* 第 10 版（2004, New York: Addison Wesley

Longman)、劳拉·伯克 (Laura Berk) 的 *Child Development* 第 7 版 (2005, Boston: Allyn & Bacon)、亨德里 (L. B. Hendry) 和克勒普 (M. Kloep) 的 *Lifespan Development: Resources, Challenges and Risks* (2002, London: Thomson Learning)、谢弗 (H. R. Schaffer) 的 *Key Concepts in Developmental Psychology* (2006, London: Sage)、亚当斯 (G. Adams) 和 M. Berzonsky 的 *The Blackwell Handbook of Adolescence* (2005, Oxford: Blackwell)、比和博伊德 (D. Boyd) 的 *Lifespan Development* 第 4 版 (2005, New York: Addison Wesley Longman)、劳拉·伯克的 *Development Through the Lifespan* 第 3 版 (2003, Boston: Allyn & Bacon)。

社会心理学

在社会心理学方面，最好且最有趣的书是埃里奥特·阿伦森的《社会性动物》第 9 版 (2003 年，New York: Worth Freeman)。不过，迈克·霍格 (Mike Hogg) 和格雷厄姆·沃恩 (Graham Vaughan) 的 *Social Psychology* 第 4 版 (2004, Harlow: Pearson Education) 也非常值得推荐。

社会认知方面最好的两本书是菲斯克 (S. T. Fiske) 和泰勒 (S. E. Taylor) 的 *Social Cognition* 第 2 版 (1991, New York: McGraw Hill) 和莫斯科维茨 (G. B. Moskowitz) 的 *Social Cognition: Understanding Self and Others* (2005, New York: Guilford)。

关于群体的更多信息，可以参见斯坦格 (C. Stangor) 的 *Social Groups in Action and Interaction*(2004, New York: Psychology Press)。关于人际互动，推荐 *The Blackwell Handbook of Social Psychology: Interpersonal Processes* (2001, Oxford: Blackwel)；关于影响力的书籍，推荐鲍勃·恰尔迪尼 (Bob

Cialdini）的经典之作 *Influence: Science and Practice* 第 3 版（1993, New York: HarperCollins）以及 *Influence: the Psychology of Persuasion*（2007, New York: HarperCollins）。

9 情绪、压力与健康

在情绪心理学方面，以下 4 本书非常值得推荐：安东尼奥·达马西奥的 *The Feeling of What Happens*（2000, London: Vintage）、基斯·奥特利（Keith Oatley）及其同事的 *Understanding Emotions*（2006, Oxford: Blackwell）、约瑟夫（Joseph Le Doux）的 *Emotional Brain*（2004, New York: Orion），以及安东尼·曼斯特德（Antony Manstead）等人的 *Feelings and Emotions*（2004, Cambridge: CUP）。

在健康心理学方面，最好的两本书是萨拉菲诺（E. P. Sarafino）的 *Health Psychology* 第 6 版（2008, Chichester: Wiley）、里昂（A. C. Lyons）和张伯伦（K. Chamberlain）的 *Health Psychology*（2006, Cambridge: CUP）。

10 变态心理学：心理疾病

在变态心理学方面，有一些非常优秀的教科书，它们都很通俗易懂，比如以下 4 本：本托尔（R. B. Bentall）和贝克（A. T. Beck）的 *Madness Explained: Psychosis and Human Nature*（2004, New York: Penguin）、卡森（R. C. Carson）等人的 *Abnormal Psychology and Modern Life* 第 12 版（2003, New York: HarperCollins）、戴维森（G. C. Davison）和尼尔（J. M. Neale）的 *Abnormal Psychology* 第 10 版（2006, Chichester: Wiley），以及奥尔特曼斯（T. F. Oltmans）和埃默里（R. E. Emery）的 *Abnormal Psychology* 第 4

版（2003, NJ: Prentice Hall）。

另外，再推荐以下这些根据自身抑郁症和躁郁症经历而写作的诚实且准确的自传性作品：斯图尔特·萨瑟兰的*Breakdown*（1997, London: Weidenfeld）、凯·杰米森的《躁郁之心：我与躁郁症共处的30年》（上）和刘易斯·沃尔珀特的《发展生物学》（1999, London: Faber）。此外，杰米森的《天才向左，疯子向右》（上）也涉及双相情感障碍及创造性。

1 心理学是什么

相互作用论
interactionism

结构主义
structuralism

内省
introspection

机能主义
functionalism

心理测量学
psychometrics

心理动力学
psychodynamic psychology

无意识
unconscious

本我
id

自我
ego

超我
superego

行为主义
behaviorism

自然观察法
naturalistic studies

相关研究法
correlational studies

试验研究法
experiments

2 中枢神经系统与人的行为

大脑皮质
cerebral cortex

脑半球
cerebral hemispheres

脊髓
spinal cord

延髓
medulla

脑桥
pons

小脑
cerebellum

丘脑
thalamus
胼胝体
corpus callosum
脑膜层
layers of meninges
脑垂体
pituitary gland
脑干
brain stem
神经细胞（神经元）
neuron
胶质细胞
glial cell
轴突
axon
突触
synapse
树突
dendrite
神经递质
neurotransmitter
动作电位
action potential
额叶
frontal lobe
顶叶
parietal lobe
颞叶
temporal lobe
枕叶
occipital lobe
初级运动皮质
primary motor cortex
初级听觉皮质
primary auditory cortex
中央沟
central fissure
初级躯体感觉皮质
primary somatosensory cortex
初级视觉皮质
primary visual cortex
运动联合皮质
motor association cortex
躯体感觉联合皮质
somatosensory association cortex
视觉联合皮质
visual association cortex
听觉联合皮质
auditory association cortex
初级运动皮质
primary motor cortex
初级躯体感觉皮质
primary somatosensory cortex
感觉联合皮质
sensory association cortex
运动联合皮质
motor association cortex
初级听觉皮质
primary auditory cortex
初级视觉皮质
primary visual cortex
扣带回
cingulate gyrus
穹窿
fornix
中隔
septum

嗅球
olfactory bulb
下丘脑
hypothalamus
杏仁核
amygdala
乳头体
mammillary body
海马
hippocampus
边缘系统
limbic system
计算机断层扫描
computerized tomography, CT
磁共振成像
magnetic resonance imaging, MRI
脑损伤研究法
lesion method
脑电图
electroencephalograph, EEG
正电子发射断层扫描
positron emission tomography, PET
功能性磁共振成像
functional magnetic resonance imaging, fMRI
进化心理学
evolutionary psychology

3 感觉与知觉

感觉
sensation
知觉
perception
最小可觉差
just noticeable difference, JND
自上而下的加工
top-down processing
自下而上的加工
bottom-up processing
视网膜
retina
视觉后像
afterimages
光感受器
photoreceptors
视杆细胞
rods
视锥细胞
cones
中央凹
fovea

4 学习、记忆与遗忘

经典条件作用
classical conditioning
操作性条件作用
operant conditioning

无条件刺激
unconditioned stimulus, UCS

无条件反应
unconditioned response, UCR

条件刺激
conditioned stimulus, CS

条件反应
conditioned response, CR

效果律
law of effect

惩罚
punishment

正强化
positive reinforcement

负强化
negative reinforcement

初级强化物
primary reinforcer

次级强化物
secondary reinforcer

编码
encoding

存储
storage

提取
retrieval

再认
recognition

内隐记忆
Implicit memory

外显记忆
explicit memory

顺行性遗忘
anterograde amnesia

逆行性遗忘
retrograde amnesia

前摄干扰
proactive interference

倒摄干扰
retroactive interference

5 语言与沟通

音素
morpheme

阅读障碍
dyslexia

获得性阅读障碍
acquired dyslexia

发展性阅读障碍
developmental dyslexia

布洛卡失语症
Broca’s aphasia

威尔尼克失语症
Wernicke’s aphasia

6 智力与人格

流体智力
fluid intelligence

晶体智力
crystallized intelligence

因子分析
factor analysis

g 因子
g factor

s 因子
s factor

成分智力
componential intelligence

经验智力
experiential intelligence

情境智力
contextual intelligence

智力三元论
triarchic theory

多元智能理论
multiple intelligences

韦克斯勒智力量表
Wechsler Adult Intelligence Scale, WAIS

心理年龄
mental age

实足年龄
chronological age

遗传率
heritability

易得性偏差
availability bias

光环效应
halo effect

证实偏差
confirmation bias

确凿性原则
sure thing principle

投射测验
projective test

罗夏墨迹测验
Rorschach Inkblot Technique

主题统觉测验
Thematic Apperception Test, TAT

精神分析
psychoanalysis

压抑
repression

自我防御机制
ego defense mechanism

显性梦境
manifest content

潜性梦境
latent content

固着
fixation

集体无意识
collective unconscious

原型
archetype

7 发展心理学

外部效应
externality effect

认知发展
cognitive development

图式
schema
概念
concept
同化
assimilation
顺应
accommodation
感觉运动阶段
sensorimotor stage
前运算阶段
preoperational stage
具体运算阶段
concrete operational stage
形式运算阶段
formal operational stage
最近发展区
zone of proximal development
潜在能力区域
zone of potential ability
依恋
attachment
陌生人焦虑
stranger anxiety
分离焦虑
separation anxiety
安全型依恋
secure attachment
反抗型依恋
resistant attachment
回避型依恋
avoidant attachment
亚斯伯格症
Asperger's Disease
错误信念任务
false belief task
前习俗道德水平
preconventional level
习俗道德水平
conventional level
后习俗道德水平
postconventional leve

8 社会心理学

内隐联想测验
implicit association test
去个性化
depersonalization
情境因素
situational factors
特质因素
dispositional factors
基本归因错误
fundamental attribution error, FAE
行动者 – 观察者效应
actor-observer effect
认知失调
cognitive dissonance
服从
compliance
从众
conformity
黑羊效应
black-sheep effect

社会助长
social facilitation
社会惰化
social loafing
挫折－攻击假说
frustration-aggression hypotheses

9 情绪、压力与健康

去抑效应
disinhibition
詹姆斯－朗格情绪说
James-Lange theory
应激源
stressor
长期应激源
chronic stressor
急性应激
acute stress
一般适应综合征
general adaptation syndrome, GAS
暴露干预
disclosure interventions
问题焦点应对干预
problem-focused coping
情绪焦点应对干预
emotion-focused coping
健康心理学
health psychology
神经性厌食症
Anorexia nervosa
神经性贪食症
Bulimia nervosa

10 变态心理学：心理疾病

变态心理学
abnormal psychology
心理疾病
mental illness
医学模型
medical model
心理动力学疗法
psychodynamic therapy
人本主义疗法
humanistic therapy
来访者中心疗法
client-centered therapy
行为疗法
behavior therapy
系统脱敏疗法
systematic desensitization
涌进疗法
flooding
内爆疗法
implosion therapy
厌恶疗法
aversion therapy
行为矫正
behavior modification

代币法
token economy

认知行为疗法
cognitive-behavioral therapy, CBT

精神分裂症
schizophrenia

抑郁症
depression

重度抑郁症
major depression

情感障碍
affective disturbances

习得性无助
learned helplessness

双相情感障碍
bipolar disorder

焦虑症
anxiety disorder

恐惧症
phobia

恐慌症
panic disorder

创伤后应激障碍
posttraumatic stress disorder, PTSD

强迫症
obsessive-compulsive disorder, OCD

译者后记

在我们的日常生活中，各种心理现象似乎无处不在。也许您从来没有有意识地注意过这些心理活动，但正如我们痴迷般地探索外部世界一样，理解自己甚至是更好地理解他人一直是我们有意或无意地去努力完成的重要事情之一。因此，在每个人成长的过程中，也许在某一个时刻，总有那么一个契机让您特别渴望了解自己或者理解他人，这个时候您大概会觉得需要点什么来帮助自己达成目的。

此刻，您可能马上做的事情是打开浏览器，输入诸如“心理学”“情感”“恋爱”“成功”“如何理解别人”等关键词，力图找到帮自己解决困惑的钥匙。当然，您能找到的信息很多，可是真的能帮您解答困惑的信息也许很少。毕竟心理活动就像浩瀚斑斓的宇宙一样，是那么让人着迷，又那么让人捉摸不透。

一本相对简单、全面又能保证科学性的心理学读物可能会对您有一定的帮助。然而，找到这样一本心理学读物未必容易。毕竟，让您啃一本心理学专业的学生才有耐心去研读的心理学教材实在没多大必要，但快速浏览一本专注于某一种心理活动的科普读物或者纯粹的心理学科普读物似乎又缺少了点您可能需要了解的信息。目前您正在浏览的这本《人人都该懂的心理学》似乎正好符合您的需求。这本书既通俗易懂，又相对全面和科学地介绍了各种心理现象。如果您是心理系的新生或者考虑把心理学作为大学的主修专业，那么您可以把这本书当作入门教材来使用。当然，如果您只是一个痴迷于各种心理现象的门外汉并且只想单纯地了解一下心理学家都发现了什么，那么这本书也很适合您，您可以把本书当作心理学读物来读。

《人人都该懂的心理学》是我翻译的第一本书。巧合的是，这本书正好在我的专业范围内。我和我课题组的学生一直非常关注正常人和心理疾病患者社会行为的心理和神经机制，比如：人们为什么要竞争，竞争有了分晓之后人们在做什么，像金钱这样的奖赏如何影响人们的行为，是什么样的机制促成了人们的社会分层，处于康复期的精神分裂症患者的认知功能能够完全康复吗，赌博或者游戏为什么会让人上瘾，等等。

在开始翻译这本书之前，其实我并没有计划去翻译一本心理学方面的书。但当看过这本书的目录之后，我突然觉得应该认真考虑是否承接该书的翻译工作。这种冲动一方面源自我对心理学研究的热爱，但更重要的是因为我在前面所传达的内容的考虑。

本书的作者G.尼尔·马丁博士还写了另一本和本书相辅相成的心理学读物，叫作《人人都该懂的脑科学》。目前，我正在和其他译者加紧推进其翻译工作。伴随着全世界脑科学和人工智能研究的热潮，即使只是单纯地想了解心智，那您势必也要了解心智的物质基础——脑的结构和功能。这也是我愿意继续承担该作者《人人都该懂的脑科学》一书翻译工作的原因。这两本书相辅相成，一定能给您带来一点收获。

下面简单向您介绍一下本书到底都讲了些什么。《人人都该懂的心理学》一书包括 10 章内容，由浅入深，层层递进。您可以在前两章中了解到心理学的一些最基本的概念以及承担我们心理活动的物质基础——脑的一些知识。通过阅读第 3 章到第 9 章的内容，您可以了解到我们是如何感知这个世界的、记忆的特点是什么、语言功能是怎么回事、我们为什么和别人不同、智商是否是你理解的那个样子、我们为什么会对他人产生偏见、我们是如何从咿呀学语发展到现在这样以及人为何会经历酸甜苦辣的感受等。第 10 章也许是您特别关注的内容，因为这一章可以让您了解到一些心理疾病的特点，也许对于理解自身或者亲朋好友的境遇有所帮助。

本书各章的翻译分工如下：前言、图注和第 2 章，张宇馨；第 1 章、第 4 章、第 7 章和第 9 章，杨舒程；第 5 章，陈思珺；第 3 章和第 6 章，高歌；第 8 章、第 10 章、后记和拓展阅读，李亚新。在所有翻译人员完成第一稿的翻译后，我和陈思珺老师十分细致地对译稿进行了二次检查和纠正。我在这里要特别感谢参加翻译的各位人员的辛勤工作，还要特别感谢南京师范大学外国语学院张辉教授给予的无私支持和帮助。张辉教授在心理语言学领域的高深造诣对本书相关章节和全书的翻译帮助很大。本书初稿其实在一年前就已经完成，但由于我本人事务繁忙，我和陈思珺老师花了至少半年的时间才完成了全书的审校。翻译的最终版本由我再次审阅和校对，因此，本书若有翻译的瑕疵给您的阅读带来了“不愉快”，我提前向各位读者表示歉意。

感谢湛庐文化及其编辑从一开始就给了我们宽松的翻译环境。虽然比原计划延迟了一年才交稿，但编辑的耐心和宽容让我和其他译者十分感动。在阅读本书后，如果您有与心理学相关研究的具体问题或者建议，欢迎致信 yansongli@nju.edu.cn 共同交流、探讨。我和其他译者再次向大家表示诚挚的感谢！

李岩松

南京大学河仁楼

2018 年 9 月 8 日

未来，属于终身学习者

我这辈子遇到的聪明人（来自各行各业的聪明人）没有不每天阅读的——没有，一个都没有。巴菲特读书之多，我读书之多，可能会让你感到吃惊。孩子们都笑话我。他们觉得我是一本长了两条腿的书。

——查理·芒格

互联网改变了信息连接的方式；指数型技术在迅速颠覆着现有的商业世界；人工智能已经开始抢占人类的工作岗位……

未来，到底需要什么样的人才？

改变命运唯一的策略是你要变成终身学习者。未来世界将不再需要单一的技能型人才，而是需要具备完善的知识结构、极强逻辑思考力和高感知力的复合型人才。优秀的人往往通过阅读建立足够强大的抽象思维能力，获得异于众人的思考和整合能力。未来，将属于终身学习者！而阅读必定和终身学习形影不离。

很多人读书，追求的是干货，寻求的是立刻行之有效的解决方案。其实这是一种留在舒适区的阅读方法。在这个充满不确定性的年代，答案不会简单地出现在书里，因为生活根本就没有标准确切的答案，你也不能期望过去的经验能解决未来的问题。

而真正的阅读，应该在书中与智者同行思考，借他们的视角看到世界的多元性，提出比答案更重要的好问题，在不确定的时代中领先起跑。

湛庐阅读App：与最聪明的人共同进化

有人常常把成本支出的焦点放在书价上，把读完一本书当作阅读的终结。其实不然。

时间是读者付出的最大阅读成本

怎么读是读者面临的最大阅读障碍

“读书破万卷”不仅仅在“万”，更重要的是在“破”！

现在，我们构建了全新的“湛庐阅读”App。它将成为你“破万卷”的新居所。在这里：

- 不用考虑读什么，你可以便捷找到纸书、电子书、有声书和各种声音产品；
- 你可以学会怎么读，你将发现集泛读、通读、精读于一体的阅读解决方案；
- 你会与作者、译者、专家、推荐人和阅读教练相遇，他们是优质思想的发源地；
- 你会与优秀的读者和终身学习者为伍，他们对阅读和学习有着持久的热情和源源不绝的内驱力。

下载湛庐阅读 App，
坚持亲自阅读，
有声书、电子书、阅读服务，
一站获得。

CHEERS

本书阅读资料包

给你便捷、高效、全面的阅读体验

本书参考资料

湛庐独家策划

- ✔ 参考文献
  为了环保、节约纸张，部分图书的参考文献以电子版方式提供
- ✔ 主题书单
  编辑精心推荐的延伸阅读书单，助你开启主题式阅读
- ✔ 图片资料
  提供部分图片的高清彩色原版大图，方便保存和分享

相关阅读服务

终身学习者必备

- ✔ 电子书
  便捷、高效，方便检索，易于携带，随时更新
- ✔ 有声书
  保护视力，随时随地，有温度、有情感地听本书
- ✔ 精读班
  2~4周，最懂这本书的人带你读完、读懂、读透这本好书
- ✔ 课　程
  课程权威专家给你开书单，带你快速浏览一个领域的知识概貌
- ✔ 讲　书
  30分钟，大咖给你讲本书，让你挑书不费劲

湛庐编辑为你独家呈现
助你更好获得书里和书外的思想和智慧，请扫码查收！

（阅读资料包的内容因书而异，最终以湛庐阅读App页面为准）

湛庐阅读App

思想者的声音图书馆

倡导亲自阅读

不逐高效，提倡大家亲自阅读，通过独立思考领悟一本书的妙趣，把思想变为己有。

阅读体验一站满足

不只是提供纸质书、电子书、有声书，更为读者打造了满足泛读、通读、精读需求的全方位阅读服务产品——讲书、课程、精读班等。

以阅读之名汇聪明人之力

第一类是作者，他们是思想的发源地；第二类是译者、专家、推荐人和教练，他们是思想的代言人和诠释者；第三类是读者和学习者，他们对阅读和学习有着持久的热情和源源不绝的内驱力。

CHEERS

以一本书为核心

遇见书里书外，更大的世界

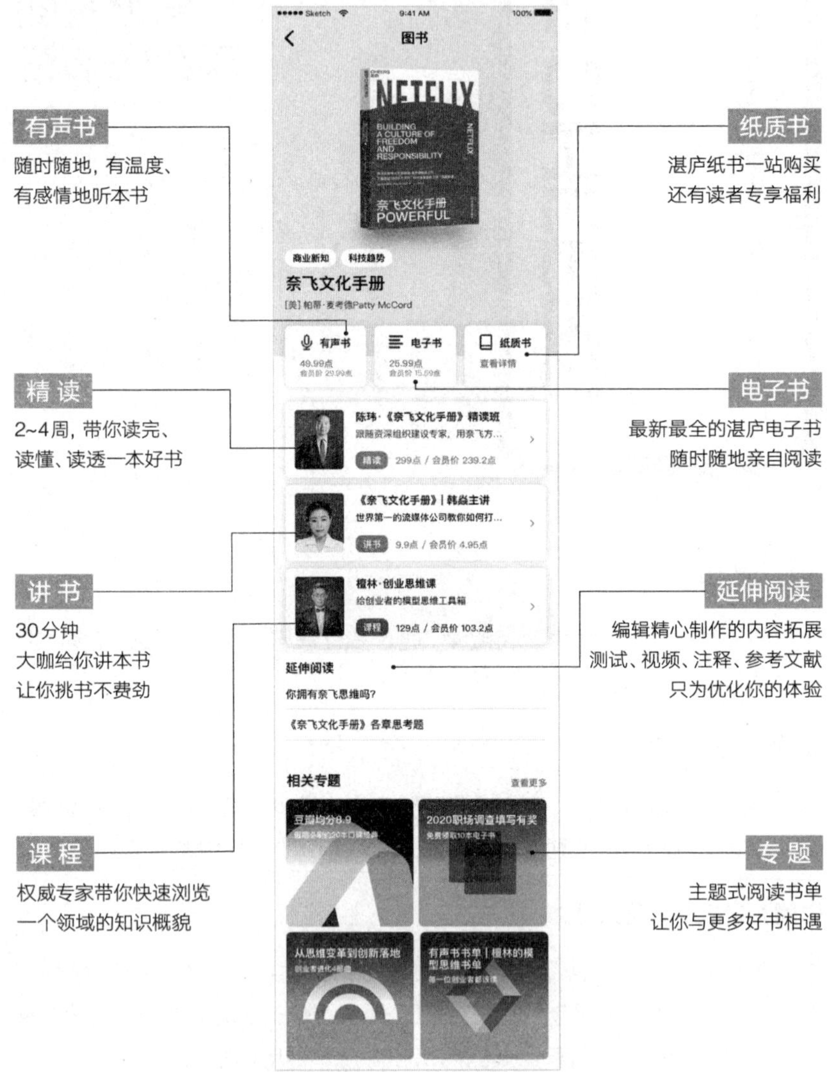

Psychology: A Beginner's Guide by G. Neil Martin

First published in the United Kingdom by Oneworld Publications

本书由 Oneworld Publications 在英国首次出版。

图书在版编目（CIP）数据

人人都该懂的心理学 /（英）G. 尼尔 · 马丁著；李岩松等译. —杭州：浙江人民出版社，2019.5（2023.12重印）

书名原文：Psychology: A Beginner's Guide

ISBN 978-7-213-09231-2

Ⅰ. ①人… Ⅱ. ① G… ②李… Ⅲ. ①心理学—通俗读物 Ⅳ. ① B84–49

中国版本图书馆 CIP 数据核字（2019）第 059261 号

浙江省版权局
著作权合同登记章
图字:11–2018–493号

上架指导：心理学通俗读物

本书法律顾问　北京市盈科律师事务所　崔爽律师

人人都该懂的心理学

［英］G. 尼尔 · 马丁　著

李岩松　陈思珺　等　译

出版发行：浙江人民出版社（杭州体育场路 347 号　邮编　310006）

市场部电话：（0571）85061682　85176516

集团网址：浙江出版联合集团　http://www.zjcb.com

责任编辑：蔡玲平

责任校对：朱　妍

印　　刷：天津中印联印务有限公司

开　　本：880mm × 1230mm 1/32　　印　　张：9.75

字　　数：210 千字　　插　　页：1

版　　次：2019 年 5 月第 1 版　　印　　次：2023 年 12 月第 4 次印刷

书　　号：ISBN 978-7-213-09231-2

定　　价：65.90 元

如发现印装质量问题，影响阅读，请与市场部联系调换。